luminosity

luminosity luminosity luminosity
luminosity luminosity luminosity luminosity
luminosity luminosity luminosity luminosity
luminosity luminosity luminosity luminosity
luminosity luminosity luminosity luminosity
luminosity luminosity luminosity luminosity
luminosity luminosity luminosity luminosity
luminosity luminosity luminosity luminosity

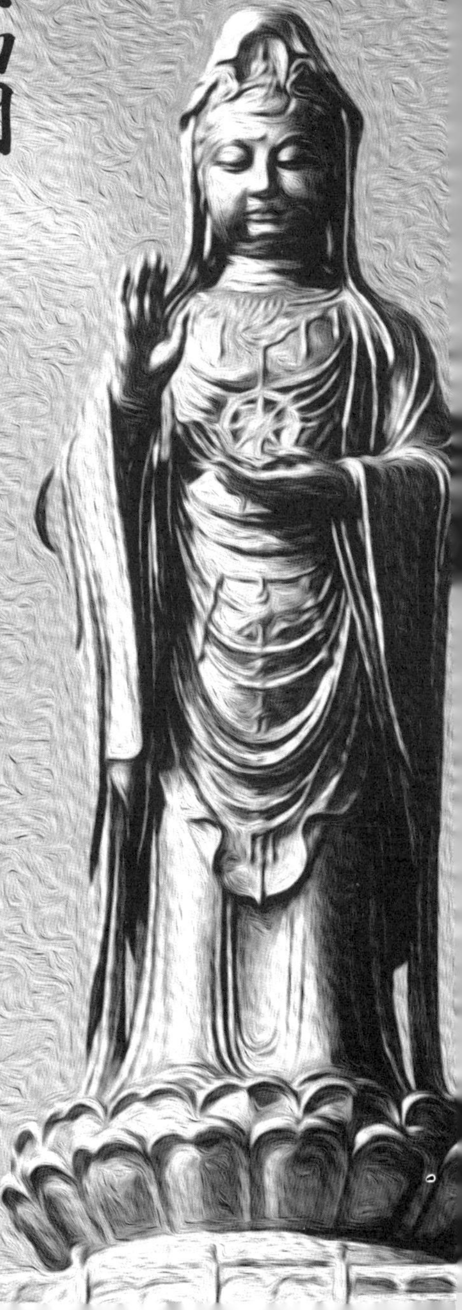

海天佛國
普陀山

慈悲同心菩薩行
觀音心法人間行
悲運同體行願心
普陀山上行願行

觀音心·人間修行 上

暢銷作家 黃子容 著

普陀山學習，心動感動全紀錄

黃子容

海天佛國普陀山為佛教聖地，之前在《念轉運就轉17覺察生命的修行力》一書中有介紹過，菩薩選擇普陀山，是因為普陀山是一塊淨土，是一座清淨道場。

菩薩到中原的時候，第一個落腳佈法的地方就是普陀山的洛迦山。

在洛迦山上面，菩薩營造了一個很好的修行磁場，然後教化這些動物、花草樹木，開始影響了眾生。

那時候，菩薩遇到需要幫助的人，都會告訴對方：「你只要記得我的名字，我叫觀世音。」

於是，當有人需要祂的時候，祂就出現幫助人們。

有時，菩薩幻化成一位老婦，或幻化成一個小孩、老人，也可能是一個壯年，祂幻化成各種身分，給予人們即時的幫助。

大家都曾經接受過一位名叫觀世音的人幫助，傳開來後才知道，原來大家都曾經被同一個人幫助，但觀世音菩薩幻化成不同的樣貌，不同的人物，名為觀世音。

原來祂就是大慈悲心、大悲大慈的觀世音菩薩，所以，人們從此虔敬膜拜信仰祂。

菩薩到了普陀山的時候，祂在紫竹林禪寺那邊打坐、講道，顯化了更多的神蹟。島上的人就開始盛傳觀世音菩薩很靈驗，因此，大家想要去普陀山朝聖，接觸觀世音菩薩，了解觀世音菩薩。

菩薩從洛迦山到普陀山本島，顯化了很多的神蹟，都是為了要讓眾生認識觀世音菩薩。

我曾經在書中提到過，只要發心發願、一心稱唸觀世音菩薩聖號，你就可以跟觀世音菩薩有共同的感應。你所說的、所做的、所遇到的困難，就可以傳達給菩薩，菩薩無所不在，與我們相應。

以前的人只要到了廟裡面跟菩薩講話，菩薩就能夠相應，只要他夠誠心，只要他能夠一心稱唸菩薩聖號就可以。

菩薩教我們這個方法，是給我們眾生的一個方便法門，讓我們知道，我現在開始恭請了，就代表我要開始跟菩薩對話了。

所以給了我們一個很簡單、正確的方便法門，只要恭請南無觀世音菩薩九句，就可以開啟與菩薩之間的對話。

菩薩在我們生活中非常的重要，是不可或缺的信仰中心，也是我們的依靠，能夠在年輕的時候就認識菩薩、接觸菩薩是一件非常幸福的事情。

普陀山是信仰觀世音菩薩的朋友們很希望可以來朝聖的道場。

我自己總共來過六次普陀山，前兩次是自己與家人、朋友來的，後面四次是帶著一年愛班同學一起來進行學習之旅的。

每次的學習課程，都有不同的感受與收穫，心中的感動與震撼久久不能散去，讓我們很珍惜每一次到普陀山與菩薩見面、學習的機會。

之前，很多同學無法跟我們一起到普陀山來參加學習之旅，很希望我能夠將學習的課程集結成書，讓大家也能夠從中學習，有所成長。

現在，終於完成了這項任務，我將這兩本書集結成為一套書，希望書中的內容可以讓大家身歷其境，有所學習，有所幫助。

上冊的書籍內容，我將一年愛班前三次去普陀山的學習內容記錄下來，用地點記錄的方式，同一地點，三次不同的學習內容，做一個記錄與整理。

大家可以根據書中的內容以及地點，也能夠自行在家中學習，或是跟著一起做功課，如果有機會，我也希望大家可以帶著這套書，一起前往書中的地點～普陀山，來一場心靈朝聖學習之旅。

你可以根據書中所記錄的地點，順著行程走，對你一定有很大的幫助。

而在下冊的部分，是根據第四次普陀山行程中，菩薩要教授我們的「觀音心法」做一個學習紀錄。

我們都知道菩薩的觀音法門非常重要，也是許多人渴望學習的重要佛學法門課程。

而菩薩為我們準備上的觀音法門和觀音心法是非常特別的，書中會有完整全紀錄，希望未能參加第四次普陀山「觀音心法」行程的朋友們，也可以根據書中的內容紀錄，做一些功課，為自己的人生做一些改變。

普陀山「觀音心法」課程中，學習內容是與「心」有關。

很多心法學習都在自己內心裡面，可透過認識自己、了解自己、剖析自己的內心，真實面對自己人生成長的過程，做一個檢視及懺悔，讓自己可以面對過去的自己。

在這心法課程中，包含接受自己所有的感受、所有的成就、所有的對與錯，能不能看透、能不能看盡，其實都在自己心裡面，最直接影響的都是自己。

觀音法門最重要的有七個大法：楞嚴經的耳根圓通法門、心經、觀世音菩薩普門品、六字大明咒、白衣大士神咒、延命十句觀音經、大悲咒。

觀音心法是由觀音法門抽離出來的，是菩薩單獨幫大家上課的。

普世來說，觀音法門有七項，但觀音心法是菩薩抽離出來的，是專門走「心」的，是專為想要修心的人所精選出來的一門課程，我們是專門來修觀音心法的。

而在下冊會有完整的第四次普陀山「觀音心法」行程的學習內容與功課，如果你願意，真心希望大家可以跟著書中的內容，一起學習此門功課，一起檢視自己的人生，給自己重生的機會。

《海天佛國普陀山～觀音心，人間修行》這一套書，分上下兩冊，有著普陀山學習的全紀錄，總共四梯次的學習課程與內容，在此做一個完整的呈現，期待你與我們一同身歷其境，與心同遊，與心相伴。

書中下冊部分有些活動照片紀錄分享，希望能夠更貼切的記錄所有感動的時刻。

期待你一起從心加入普陀山心靈學習之旅的行列。

一起心動，感動心撼動。

普陀山心靈學習之旅

啟程

【誠心迴向，靜心祝願，與冤親債主歡喜心同行】

出發前一晚，我告訴大家，我後來發燒了，人感覺非常不舒服，那種發燒是有點怪的、異常的、不太一樣的。於是我就請示菩薩。

菩薩說：「有很多大家的冤親債主，很想要阻礙這次活動的進行，有的當然也很想要跟著一起去普陀山見菩薩。」

聽完菩薩的指示之後，我就去洗了鹽米除穢包。鹽米除穢包才一碰到身體，整個身體很難過的狀態就整個解除了，洗完之後，身體就降溫沒事了。

從這樣的狀況，可以很明顯地知道，的確是這方面的干擾，但只要心定，則不須害怕。

所以，我要所有參加普陀山之行的同學們，從出發前一晚開始，誠心地唸六字大明咒或是任何一部佛經，迴向給自己所有的冤親債主。請祂們以歡喜心的跟著我們一起到普陀山去看看菩薩，祈求菩薩可以解脫祂們的苦難，可以讓祂們輪迴重生，也希望藉此可以消除惡業，消除業障。

希望所有同學都盡可能的靜心下來，唸經迴向給祂們。

在候機室時，菩薩再次提醒：「準備起程的各位，先靜下心來吧！有緣此行，靜心精進。」

【菩薩送行】

飛機起飛後，菩薩在右邊出現，有些人有看見，還拍到了照片。

菩薩出現一下子後就消失，留下一段勉勵我們的話：「期待每個人都是用精進之心來看待這次的學習之旅。要認真，要精進。所見一草、一木、一花、一樹，皆有涵義，都有意義。唯有用心，便能見風吹草動。」

【出發前言：菩薩叮嚀】

菩薩叮嚀：「此行程是學習之旅，大家懷抱著感恩心同行，一起去看菩薩。勿妄語，勿批評，勿動怒。心中有愛，看一切皆圓滿。」

在出發之前，菩薩講，這一次祂會非常嚴格、嚴肅、嚴謹地看待每一個人上山禮佛。

它是一個精進的課程，否則，盡量不要嘻笑怒罵，會讓我們分心。禮佛的過程，要肅穆肅靜。放下手機，放下相機，好好禮佛。

這次的行程比較嚴肅，也比較艱難，它不是一個玩樂的行程，它是一個真的來學習的行程，很多東西在於用心體會、感受。

菩薩叮嚀：「此行程是祈福學習之旅，大家懷抱感恩心，為大家祈福。
勿妄語，勿批評，勿動怒。
心中有愛，看一切皆圓滿。
甘心，甘苦，甘願其中。」

【靜思，靜心，靜待】

第一晚抵達寧波時，我提醒大家：心靜、平心、靜觀大家一起做任何事。靜思，靜心，靜待。

靜靜的去思考，靜下你的心，靜下來等待，等待菩薩在你身邊，你一定會有感覺。你有雞皮疙瘩也好，感動也好，落淚也好，生氣躁動都好，它都是你不同的反應，不要去壓抑它。

我現在在講的時候，如果有人跟我一樣起雞皮疙瘩、頭皮麻麻的，代表你已經準備好了。

「你現在其實已經準備好了。」當我在說這句話的時候，如果你有感覺，其實，你的靈已經很想要趕快見到菩薩了。

如果你沒有這樣的感覺，你不要擔心：「我怎麼這麼沒靈性？」沒有關係！聆聽聲音，靜心下來，就能聽見。就算聽不見，也能看見。

【用慈悲寬大的心看待身邊的人】

用慈悲寬大的心去看這一次團體行，你可以看到身邊的人做什麼。看見他們做什麼，你不語、不批評。

這個「他們」，可能包含了其他禮佛的朋友，可能包含我們自己的團員。

你可能會看到人家「吃東西幹嘛那麼大聲！」、「奇怪！佛教聖地東西亂丟！」……。

你看到人家做了很多不符合你期待的動作，你會怎麼樣？批評嗎？不開心？指責？還是心裡認為：「唉！我怎麼這麼倒楣，跟一個亂丟東西的人在一起？」

沒有關係！看一看他們要做什麼，相逢都是有緣。

用包容的心去接受人家要做什麼都可以。就像我們發現有人戴安全帽上飛機，人家開心就好，我們也達到了娛樂的效果，因為這世界上無奇不有。

人家要做什麼，有些是人的劣根性，自己是不知道的，也不曾發覺的。

劣根性是他天生帶來的習慣，這是他的習慣，要改變可能不容易。但有些是不知道，不知道就要教。

我們團員也是一樣，今天做一件事情，你知道那是不對的行為，就要去告訴他這個不可以做：「我們是愛班同學，有菩薩在，我們盡量不要這麼做吧！」

被指正的人也不要說：「你講我，那你呢？」就說：「謝謝。對不起。我會改進。」這樣就好。

用學習課題與互相尊重的態度，去看每一個人生存的課題，去看每一個人的目光，去看真實的自己。

為何有人要吸引他人的目光？為何要言行合一？行為反應了什麼？

這都讓你看見你的慈悲、你的寬大在何處。

★菩薩的出發前言：

人與人之間的相處，貴在於緣分。人與人之間無所求，貴在於有心。

真心付出，不求回報，無所求，無求相。既付出，得心相。勿只要求他人，且看自身是否做到？內在虛空，才能包容萬事萬物。人生有盡，緣生有幸，且看汝等眾生，今天視之何？若有珍惜，一切好緣。

菩薩祝福此行圓滿。精進。深心。

【人與人之間的相處，貴在於緣分】

一百二十幾位同學可以一起來，我們跟菩薩都很有緣分，跟大家彼此之間都非常有緣分。這次的行程比較嚴肅，也比較艱難，它不是一個玩樂的行程，它是一個真的來學習的行程。所以，很多東西在於用心體會、感受。

人與人之間的相處，沒有人是完美的，沒有人是無懈可擊的，一定會有些缺點，一定會有些東西看不順眼。

當我們看不順眼的時候，該不該說？而我們要說的時候，是不是可以選擇婉轉的說？甚至於選擇不說？

對於別人的問題、別人的選擇，我們可能要用另一個角度去看，去包容別人做事時可能會有一點不夠圓滿，或脾氣上需要修改的部分。

如果我們真的發自內心不想要妨礙他的成長，我們可以用委婉的方式跟他說。

而不是因為怕妨礙他成長，所以直接告訴他、指正他，在眾目睽睽下讓他難堪。

我們可以選擇用有智慧的方式提醒他：「可以不要生氣嗎？因為菩薩跟著我們這一團。」

請大家都以寬心、包容的去看待每一個人所做的事情。

別人可能有一些手法、手段或是做法，我們不能認同，但是我們包容他。

人跟人之間的相處，都是一個緣分。我們會在這裡進行四天三夜的學習之旅，我們也都很有緣分。既然這麼有緣分，我們就要懂得惜緣。

【人與人之間無所求，貴在於有心。真心付出，不求回報】

我們今天幫朋友、同學，都是無所求的，是心甘情願為他而做的，沒有要求他報答的部分。

人跟人之間是無所求的。如果我們覺得這是自己要付出的，就不要抱怨：「我有幫他，結果他都沒有……。」

我們有幫人做什麼，不要跟別人邀功，因為所有要做的事情都是自己心甘情願的。

如果我們是心甘情願的去做，就不要抱怨。

抱怨會變成負面的能量，它會讓我們陷入愁苦的情緒當中，對我們並不好。

今天是因為我們有心想做這件事情，所以我們做了，不為什麼，不為利益，不為名分，也不為想要得到別人的讚賞。

因為我們有心想要去做，所以我們做了。做了之後，就無所求。做了之後，就不要再說任何話了。

今天來此，我們祈求的只有菩薩，但是今天要祈求菩薩什麼，也只有我們自己知道，不用對任何人交代。

【無所求，無求相】

有些人說：「他看到菩薩了，我怎麼沒看到菩薩？他靠窗，他有看到菩薩，他有拍到菩薩，他有感應到菩薩，好棒……。」

如果我們求相，求外在顯現的相，求外在顯現出來的形，我們就會陷入欲望當中。

欲望是魔鬼，它會讓我們陷入很多的情緒、愛恨執著當中。比較心、嫉妒心……，什麼都來了。

所以有沒有看到，無所謂。有看到，有緣分；沒看到，沒關係，菩薩就在我們心中，就在我們身邊，不要求相。

【既付出，得心相】

既然付出了，就是即得心相。

所謂的心相，就是菩薩就在我們的心中化成了菩薩相，我們的心就是一個菩薩座，我們的人就有菩薩相。

所謂「人有菩薩相」，代表著我們有慈悲的心相，看眾生、看旁邊的人、看周遭的人事物，我們都能夠用先知先覺的慈悲心來對待他們。

所謂「先知先覺的慈悲心」，就是我們比別人更早一步的去了解現在別人所需要的是什麼，我們要用慈悲的心去對待他，不要嫌麻煩，不要計較。

【勿只要求他人，且看自身是否做到】

整個行程，不要只是要求他人。我們在要求他人的時候，看看自身是否已經做到了。

【內在虛空，才能包容萬事萬物】

我們內在虛空，才能夠包容萬物。

就像一個籃子，若裡面是空的，才能裝進更多東西。如果籃子裡面已經滿了，要再裝新的東西是很難的，是有限的。

所以，想辦法清空自己的籃子，把自己的心清空。

今天晚上就是要叫大家清空自己的心。明天到普陀山之後，謹慎言行，不抱怨。

【人生有盡，緣生有幸，且看汝等眾生，今天視之何？若有珍惜，一切好緣】

人一生能夠活到幾歲不一定，每個人都有盡頭，但是，我們都很幸福可以跟大家共聚在此，就看我們這些眾生怎麼看待這個緣分。

我們今天來這裡是為了什麼？

如果來這裡是真的為了想看菩薩，想要親近菩薩，想要在這邊靜心，想要在這邊拋下所有的煩憂，我們就要重新開始。

如果想要回到台灣是一個完全純真、真實的靈魂，那麼，我們就把所有污穢的、不好的東西，所有過去不完美的過程，通通把它留在這裡。

回到台灣之後，自己就是一個全新的開始。我們怎麼看待這四天的行程，這很重要。

如果珍惜，就會有好的緣分。

【菩薩祝福此行圓滿，精進，深心】

在出發前，菩薩祝福此行圓滿精進、深心。所有的事情都深入自己的心，讓自己的心靜下來，才能夠感受。

「此次祈福之行，念力集合，願力之深，不為一般祈福。

乃苦行，苦身，苦心，付出承擔，乘願之行。

余之所念力，汝之所行願，成就祈福行。

此祈福行，誦經祝禱，念念之深，求眾生平安，念念貫之，願力之集合。利益他人，而不欲己。祈福眾生，而不利私。聲聲祝福，深深祝福，菩薩全程守護。祈求願法宏揚，祈願為真。」

這次祈福之行，是念力的集合。願力之深，不是像一般祈福一樣。除了幫愛班同學祈福卡上面的人祈福之外，還要幫這世界上所有的眾生祈福，幫大家祈福祈願，沒有自己，不說自己的問題。把自己的痛都先放下來，我們都不痛了，因為此行就只是為了幫大家。

不管自己痛不痛，也不管自己的問題，就是為了別人，只想為別人把祈福的事情做好。

大家有共同的願心願力去做這樣的事情，不祈求個人的事情，只祈求別人的事情，祈求眾生之事，只希望這次祈願行都很棒、很圓滿。

佛法一切唯心，一切由心起。

佛法是為了求離苦、解脫，所以必須要先了解苦從何而生。慈悲，是離苦最重要的方法。

我們在學習佛法的過程當中，最重要的是要把握佛陀的真義。

佛陀成佛，精神比行為更重要。

佛陀的真義，修行生活的重心是什麼，才是重點，才是我們在學習佛法的過程當中最重要的依歸。

佛法首重普渡眾生，首重「無緣大慈，同體大悲」。

跟我們沒有緣分的人，跟我們沒有任何因果關係的人，我們會因為他的悲傷而悲傷，我們會因為他的感受而感受。

我們會感同身受，同樣體會慈悲眾生，而有慈悲的行徑行為。

所以，我們這次的普陀山之行，是「以願引行，以行填願」。

因為有這樣的願力，聚集了這樣的一趟祈願行，用我們的行動力，把別人想要祈求的事情真正化成了行動力。

菩薩一直再三的強調，我們是為了他人而來的，不為己。

利他的誓願（一心想要為了他人而付出的宏大誓願），利他的功行（對別人有幫助的功德行為），利他的宏願，都代表著此行的不可思議。

願心開啟

【念佛不間斷】

第二天，我們將前往普陀山本島和洛迦山。

因為大家的冤親債主很多，我們很歡迎冤親債主們跟我們一起去普陀山，希望冤親債主不要干擾我們。因此，菩薩再次提醒大家：

「從出發前夕開始，一直到明天普陀山之後，心中都還是要持續不斷的稱誦六字大明咒或唸佛號，而且還要把稱唸佛號的念力，不間斷的延續到普陀山之旅。」

有空就一直不斷的唸六字大明咒，把它迴向給冤親債主。

希望我們的冤親債主可以聽到經文，對我們也能夠釋懷，沿路上，跟著我們一起去普陀山的心情也能自在些。

也希望祂們隔天可以跟著我們一起去到普陀山見見菩薩，祈求菩薩給祂重生的機會，讓祂能夠解脫，讓祂可以忘記人世間曾經的苦痛，讓祂可以放下，離苦得樂。

希望在轉五百羅漢塔時，天空開啟，阿彌陀佛來的時候，希望這些冤親債主可以跟著佛菩薩一起去，能夠投胎輪迴的就去輪迴，能夠重修的就去重修。

這是我們的願力，希望來這一趟可以幫助祂們。

【願心開啟】

第一天晚上，菩薩的功課：

「靜心，閉上眼睛，深呼吸。願心開啟，你希望此刻行程獲得什麼？祈願什麼？」

你心虔敬，一心虔敬，誠心誠意，便能有所感應。

花十分鐘的時間，靜下心來做功課，祈求，祈福。

你要祈求什麼？你要祈福什麼？

譬如說：「我的家人叫什麼名字，我真心的希望他身體健康；我的家人叫什麼名字，我希望他戀愛順利；我的家人叫什麼名字，我希望他金榜題名……。」你把它全部都寫出來。

記得，在寫祈福、祈求內容之前，必須要靜心，閉上眼睛深呼吸。

你也可以分享，譬如你想要幫誰祈福、祈求，他就算不是你的親戚，他只是你的好朋友，你也可以幫他寫下來。你可以幫他人寫很多的願望，沒關係，因為這很重要，不要小看這一份功課。

這是一份付出的功課，它是一份感受的功課。

你愈用心，你的朋友、你的家人就愈感受得到。

菩薩就是要你那份虔敬的心，一份很想讓別人也跟著一起好起來的心，就算他們不能來，他們也可以感受到你來幫他們祈福的這份真心誠意。

列一張清單，把你想祈求、祈福的內容全都寫下來。

寫完了之後，這一份名單跟祈福的內容，隨時放在自己的包包裡面，它必須要一直帶著。

菩薩有再三的交代，你做跟不做功課，祂都知道。你不做，你要自己負責任。如果你真的很想要見菩薩，靜心幾分鐘寫功課很重要。這份功課只不過花你幾分鐘的時間。請你花幾分鐘的時間，為你的人生做一個重新的開啟，重新的規劃。

菩薩說，要靜心寫這份功課，我們才能讓冤親債主感受到我們想改變的力量。

如果不願靜心，不想靜心，不願改變自己，就失去度走冤親債主的機會。

因此，第一天晚上靜心幾分鐘寫功課很重要。如果不做，去普陀山不會有任何幫助的。如果沒有做，普陀山恐怕就白去了。

最後，菩薩送給我們一句話：「此行，歡喜心，承願力，共同克服一切難關。」

【以願引行，以行填願】

第三梯次要成行之前，菩薩有說我們要上普門品，告訴大家為什麼菩薩示現在中原、引領佛教文化到中原來普渡眾生，並希望讓大家認識觀世音菩薩的由來。所以，我們會在後面的行程會上到普門品。

我非常嚴肅的跟大家講，一定要勤做功課，沒有一個人可以例外，沒有一個人可以偷懶。因為我們可以一起來普陀山上課，這樣的機會真的少有。

本來，我一直覺得這是一個很大的工作，我很不想帶這麼多人來，因為那是一個壓力，我臉上又長東西了，跟第二梯次來的時候是一樣的，就是因為壓力的關係，讓免疫系統降低，然後就生病了。

但因為要帶大家來聽菩薩上課，可以聽到菩薩版本的普門品，我也覺得意義很深遠。

菩薩在幫我上普門品的時候，我自己都覺得：怎麼會有一個神明願意這樣子付出祂的心力在普渡眾生？

只要有一個人希望菩薩幫忙，菩薩就會示現、出現，真的讓人非常感動！祈願行，菩薩講了：

「以願引行，以行填願。成就此行，不為己，而欲利他，不求己。所以，放下自身苦痛、悲傷、難過、心結。沒有欲私，僅有利他。放下感覺，正覺感受，用心觀，用智慧觀，聞聲其苦。為步步難，何為難？難自己？」

這一次是以願引行，用我們的願力來牽成了祈福行。你們可能會遇到很多的挫折，可能會遇到很多的艱辛、痛苦、困難。我們是用我們的願力去引發牽成了祈願行，用我們的行動力去圓滿牽成這個願力，所以，大家是發願來幫大家的。

我在行前的時候有告訴大家，這是一個非常辛苦的過程，這是一個幫大家祈福的過程，很辛苦，需要跪，需要拜，需要做很多的功課，甚至於晚上睡覺時間加起來沒有幾個小時，所以一定是辛苦的。

但我相信會來的人，都是因為有這個心想要幫大家，所以我們才會成行，絕對不是來看看菩薩而已。

你一定有一份覺得可以幫大家做什麼的那個力量而來的。這個力量就是菩薩所謂的「菩薩心腸」，就是所謂「慈悲的力量」。

跟你沒有任何因緣的人們寫在祈福卡上的每一個文字，你都把它當作自己的，這叫做「無緣大慈，同體大悲」。

你跟他們沒有任何的因緣關係，跟他們沒有任何的因果，但你願意替他們來承擔這個願力的執行，這就是「無緣大慈，同體大悲」。

成就此行，不是為了自己，而是想要利他，所以不求己。

你只要祈求眾生，就包含了你自己。

所以我們不求自己，只求他人，真心真意的為了他人而來。

你今天願意來，我相信你絕對有心要上課，有心要完成某一些功課跟任務，所以我們這次都不求己。

放下自身的苦痛。經歷了某些事情的你，也許你現在很痛苦；也許你現在很悲傷；也許你曾經有難過的時候；也許你曾經跟某個人有心結，那個結一直放在你心中，你也許想祈求菩薩可以幫你。這個時候，這四天，你沒有想要為自己。你只有想要為他人，所以叫做「沒有欲私，僅有利他」。

放下你的感覺，不要去感覺你感覺到了什麼。放下你的感覺，你沒有感覺，你只是為了來幫別人祈福的。

你所有的心思都只是為了希望別人好，只希望大家都好。沒有自己，只希望大家都好。所以，放下你的感覺，不要去感受你的悲傷。

正覺去感受什麼事情是對的、是錯的，用你的心去觀，用智慧觀。

為什麼叫觀世音菩薩？

觀世音菩薩用眼睛看、用耳朵聽，但著重在「觀」。

菩薩用心觀看，用智慧去觀看。有一個人哭，有一個人笑，有一個人需要幫忙的時候，菩薩都用看的，看這個人的作為，看這個人的做法，看這個人的一切，用觀的方式去辨其慈悲，去辨別他到底有沒有慈悲，用智慧去辨別這個人到底需不需要幫忙。所以菩薩是用心觀，用智慧觀的。

「聞聲其苦」，就是只要有人稱唸南無觀世音菩薩，菩薩就會示其身，現其法，示現來為這個人說法，試著為這個人尋求解脫。

修行這條路，步步難，是非常難的。

為什麼這麼難？為什麼人生這麼難呢？是誰害了你？還是你有沒有檢視是你自己為難了你自己？

我們到普陀山前的功課，菩薩說：

「明知痛，硬要往痛裡鑽，訴苦，請引悲洩之，則慰之。痛離下，捨苦難。

觀己心，為何痛，訴之無懼。你在害怕什麼？訓練自己堅強、無懼。

無懼，欲懼則彌堅。無欲則剛，無欲而強。

感同身受他人之苦，才能理苦、離苦。

檢視自己的苦、懼、悲，真放下，才能行願他人。

自己悲傷卻還能理解他人，把他人放在第一位。」

你在這一生當中，到今天為止，發生了什麼事情是讓你覺得最痛苦的？要很開誠布公的講。也許你曾經害了某一個人，也許你曾經遭受過背叛，也許你離婚了，也許你自殺過，也許你情傷，也許你有很多很多痛苦的事情發生在你的身上。

你明知道痛，卻還要往痛裡面鑽，為什麼？何為難？為什麼難自己？

「訴苦」，就是要完全的告訴對方你為什麼覺得自己苦。

哪怕你現在覺得：「沒有啊！我哪有很苦？我很好。」但請你都放下堅強的外表，去告訴對方你苦在哪裡。

這個人也許不了解你，也許很了解你，盡可能地把你想要告訴他的都告訴他。你可以把他當成一個知己朋友，你可以把他當作一個陌生人，他不會對你有任何評論跟批評。你可以相信他，你可以相信你的同伴。

訴苦，真正的訴說你的苦痛。

「請引悲洩之」，請你盡情地說出你悲傷的事情，做一個宣洩，不需要再平淡，不需要再裝作若無其事，你可以說你的故事。

「則慰之」，讓你的同伴來安慰你，讓別人也有安慰你的機會。因為在安慰你的當下，那個人知道了你經歷的一切，他知道他該怎麼安慰你，他在學習他要怎麼樣安慰你，他在學習做一個菩薩，他在練習行菩薩道，所以讓那個人安慰你，你可以絕對放心。

你告訴菩薩的祕密，菩薩不會說出去，所以你相信你的同伴是個菩薩。

當痛苦離下、離開的時候，你會捨棄自己的苦難。

觀看自己的心為什麼這麼痛？

「訴之無懼」！告訴這個人，你不要有所害怕。告訴他你在害怕什麼，訓練自己要堅強，要無懼。

當你沒有害怕的時候，你就會愈來愈堅強了。

當你可以在一個陌生人面前，學習怎麼樣告訴他你的故事的時候，你已經愈來愈堅強了。

記得，請以悲洩之，則慰之。你在行菩薩道。菩薩在給人很多的安慰，很多的慰藉，你就是在行菩薩道。

我們有很多的苦都訴之了之後，當你沒有任何欲望的時候，無欲則剛，無欲則強。

請你感同身受他人之苦，才能夠理解這個苦，才能夠分離這個苦，才能夠讓這個人離開痛苦的過程。

也許他要哭很久，也許他有講不盡的往事，沒關係！菩薩是很有耐心的，祂會慢慢聽。

你也是菩薩，所以你也會非常有耐心的慢慢聽，哪怕你一整個晚上都沒有睡覺！

因為菩薩是無時無刻、分分秒秒都在的，所以你也是。你要知道怎麼樣安撫對方，也許你要聽到半夜，你很累了，你還是要聽別人講完，那也應該的，菩薩有說祂要睡覺的嗎？

記得，你要理解別人的痛苦，你也才能夠放棄這些悲苦。檢視自己的苦，檢視自己的害怕，檢視自己的悲傷。當你真正放下的時候，我們才能夠行願他人，我們才能夠成就要出發去普陀山的功課。

如果你自己還帶著太多的悲傷，帶著太多的害怕，你沒有辦法幫別人祈願。所以，你今晚必須要先完成自己的功課。

你帶著你的悲傷，帶著你的痛苦到普陀山，你會只求自己的，因為你看到菩薩，你會告訴菩薩：「我好苦！菩薩先救我！」

但我們此行不是去祈求菩薩來救自己的，我們是要祈求菩薩來幫別人的，我們沒有自己。

我們能不能把這次的祈願行完成，很重要！當然，這要靠大家！

所以，當你能夠真的放下，你才能夠真的無私的去幫助他人。否則，當你一直都想到自己的事情，你看到菩薩時，你會有自己的悲。

我們第一站是洛迦山，洛迦山要走很多的階梯，是很辛苦的。

當我們去洛迦山的時候，你要這麼累、這麼辛苦地在大熱天的去為這些人祈福，還要跪在那裡這麼久，做這件事情，需要很大的願力。

把自己的悲傷忘記，還能夠去同理別人，這是很重要的。

其實，我們每一個人都很辛苦，沒有一個人不辛苦的。

但如果我可以放下自己的，去想到別人的，我就可以不苦了。

所以請你們勇敢、認真的去面對自己的功課。

也許你們團體功課想要四個人，也許你們想要六個人，也許你們想要八個人，愈多人花的時間是愈多的，但收穫也許也是愈多的。

我希望你們在安慰別人的時候，想一想你是菩薩，你會怎麼安慰他？

你應該是不會批評的，你應該是全心全意包容這個人的。

所以不管這個人犯了什麼錯，都沒有關係，因為都不關你的事，你就是菩薩，你都會接受。

這個人是好、是不好，在你面前都是好的，因為菩薩沒有分別心，眾生需要祂的時候，祂都在。

所以，請你們真的要靜心的做功課。這些功課都不是容易的，不能敷衍了事。我們一定要經歷過那個悲傷的過程，先把自己處理完畢，才能夠去進行第二天真正要走的祈願行，因為那真的不容易。

如果你有「自己」的話，我們的力量就真的不夠大了。我們帶著這麼多東西，帶著這些祈願卡，希望真的可以幫助到所有的人。現在是末法時期，出現了一批以魔為道的靈要來作亂。所以你會發現恐怖攻擊、天災、災難特別多。

今天我們幫忙祈求的，不是只有一年愛班這些同學們寫在祈福卡上的，我們還希望用祈福來幫助全世界的人。

但我們不祈求別人感謝，只想到我們今天可以到這裡來，可以聽菩薩上課，可以盡我們的力量去做一些事。

此行，我們真的是為了別人，沒有自己，只希望這次祈願行都很圓滿。這是你自己的功課，你不用對誰做交代，你只要對菩薩，所以你要做好這功課。

所謂的好，是自己有很誠實地去面對你自己，你有真心的去做這件事情。因為這次在還沒進普陀山之前，這個動作是為了幫助你自己，放下你自己曾經有過的苦，你才能去幫別人。

我在飛機上接到這個功課的時候，我自己已經大哭一場了，然後我告訴自己說：「天哪！原來一直以來，我都在裝堅強，我其實根本就沒有很好。所以，我應該要把這個過程讓它過去，我才能夠幫助到大家。」每個人都是一樣的。

你們都認為我已經很好了，所以我覺得我應該還要更好，我也要更真實的去面對我自己。

你們也是！也希望你們的功課都功德圓滿。祝福大家！

【不要養成自己和別人的貪念】

從台灣出發前，菩薩有交代大家，此行要帶心型巧克力、彩色糖果。

第二天早上，在離開飯店往朱家尖碼頭之前，我把大家集合起來，語重心長的說了一段話：

「我們背上背的東西，包含我們所帶的糖果巧克力，是為了自己、家人、朋友，那是我們自己要給家人、朋友的，我們才背在背上。」

從普陀山帶回去的糖果巧克力，一個人吃一顆有效，吃兩顆根本就是多餘的，所以不用多，一個人就是一份糖果巧克力。

有的人背了一大背包的糖果餅乾。

我跟大家說，我這次不再收大家多的糖果發給北中南的朋友，因為有些人已經變得不珍惜了。每次大型座談會都有糖果，這些結緣糖果對一些人來講，不是彌足珍貴的。有的人拿到習以為常、理所當然、覺得沒什麼了不起了。這也是我們造成的問題。

我們要考慮到一件事情，我們的善心善意，發自於內心想要多一點給大家，可能會造成了別人的欲念跟貪念：「既然那麼多，我抓一把。」而且也可能造成我們自己的欲念跟貪念：「我可以帶多一點加持品。」

提醒大家：「不要養成別人的欲念、欲望。我們做每一件事情，都要謹慎想想，會不會造成某些因果。不要因為自己的想法或慈悲心，而引起別人貪心的欲望。」

在我們背囊裡面要禮佛的東西，那是我們要給自己的朋友、家人，每一份自己都知道要給誰，每一份意念都在自己的祝福名單當中，這才是真正的祝福。

【觀　受】

菩薩講了：「期待每個人都是用精進之心來看待這次的學習之旅。要認真，要精進。所見一草、一木、一花、一樹，皆有涵義，都有意義。唯有用心，便能見風吹草動。」

從寧波坐船到了普陀山碼頭，下了船，在集合定點等待小巴士時，我提醒大家：「靜心！」

菩薩交代下船就定位後的第一件事情是：定下來，閉上眼睛，深呼吸，觀自己的眼耳鼻舌身意，感受自己當下的感受。

這四天的行程，每一天都要用我們的眼耳鼻舌身意，去感受這四天自己不同的成長，讓自己的靈魂脫胎換骨。

洛迦山

【洛迦山階梯】

午膳後，我們從普陀山搭船到了洛迦山。因為都是階梯，我們慢慢的往上走。其實，走階梯爬山非常辛苦，而爬洛迦山需要很有毅力。

菩薩告訴我們，爬樓梯跟人生是一樣的，不要去看前面還有多遠：「快到了嗎？快到了嗎？快到了嗎？」

不要去看眼前還有多久會到，什麼時候才會到，不要管那些。你就只要看你的腳底下所踩的每一步。每一個階梯就是一步，你很踏實的踩那一步往前走。

至於到達遠方目的地會是什麼時候？遠方會有什麼樣的風景？你的腳自然會告訴你，你只要一直不斷的努力往前走就對了。

這也告訴你，很多事情不要一直問方向在哪裡，做就對了。我們只看眼前的。

當你一直在看「什麼時候到？什麼時候到？」你會產生更多的焦躁：「怎麼還沒到？還有多遠啊？」人會有這樣的心。

所以不用看，不用問，不用說，你就看著你自己的腳，一直不斷的往前走。

你所踩的每一步就是你的人生，每一步踏實、踏穩了，才能往前走，才能往上走。不用管目的地什麼時候到，只管每一步有沒有都踏實做到。當目的地到達的時候，你自己會知道。你只要一步一腳印的往前走就好了。

菩薩說：「走路上去，或快或慢都無所謂，但集合於五百羅漢塔。」

【洛迦山五百羅漢塔：除業障超渡儀式】

我們集合於五百羅漢塔（妙湛塔）。

我們在繞五百羅漢塔、唱觀音心咒的那時候，佛陀就在上方，五百羅漢塔上面的雕刻就啟動了。不知道有沒有人有感覺到，覺得那個塔在晃、在轉？

我們繞九圈，那個塔也是繞自己的方向，其實，我們就是稍微把自己一些比較輕微的業障甩開、去除掉了。

譬如說，你現在運氣很不好，極需要一點好運；譬如說，你要賣東西、做業績，一直沒有辦法出運，它就是幫助你開運，這樣而已。

我們很單純的只是除去自己身上稍微比較可以清除的業障，甩掉比較輕的業障，讓自己有比較好的運氣而已。

但你不要期待說：「哇！接下來，我的業障全部清空了！」

在那邊繞，只是把你身上很簡單的一些不好的東西除掉而已，不是真正除去你所有的業障，只是清除一些輕微的業障。

個人的業障深，你去轉那個塔轉十幾圈也沒有用。你別幻想得太美好：「如果可以的話，我下次來，就是一直在那邊繞，繞個幾百圈。」那是沒有用的。

菩薩叮嚀：「在此羅漢塔，會有消除自身負累之儀式。先到，先進行；後到，無參與，不予進入。繞佛塔之時，必雙手合十，勿交談，口中唱誦六字真言，並清心、沉靜、虔誠，勿耳語，求靜心，方能有所感應。」

我們其實帶了很多的冤親好友一起來，這是我們在繞佛塔時需要做的功課：「繞佛塔時，一心想到自心的懺悔。悔罪之身，祈求原諒。

並祈請大慈大悲的佛菩薩們，藉由祢們的佛力，天空開啟佛法之門。讓自身冤親債主也能聽聞佛法，願意放下累世的苦痛，跟隨菩薩修行。

也祈請佛菩薩們，消除我累身的罪業。

我願一心向善，全心全意，對待家人朋友，堅持善在心中。

祈求這些善的力量，愛的力量，能驅使法輪轉動，開啟靈魂重生的力量。讓這些朋友們，能放下執著，跟著菩薩修行去。」

這是我們在繞五百羅漢塔很重要的事情，有消除自身負累之儀式，把我們身上一些比較能夠清除的業障清除掉。

最重要的是：懺悔，反省自己，感恩他人。

在繞五百羅漢塔，雙手合十唱六字真言時，內心要存著懺悔心、祝福心：「我真心誠意的懺悔，真的希望祢們可以好好的跟著菩薩離開，離開人世間的愁苦，離苦得樂。」

「在此羅漢塔，會有消除自身負累之儀式，請注意聽子容老師傳達之旨意。繞佛塔之時，必雙手合十，勿交談，口中唱誦六字真言，並請清心、沉靜、虔誠，勿耳語，求靜心，方能有所感應。」

這個時候，我們是要消除自己的業障，消除自己的負累，請我們的冤親債主跟著佛菩薩一起離開。此時要達到一個空、無、忘我的境界，想到的只是「我想要重新開始」。所以，我們就是專心的唱誦，旁邊其他事情都不關己事，不管他人，就只管誠心雙手合十，只管大聲的唱誦六字大明咒。

在五百羅漢塔真心懺悔之後，如果我們身邊有很多好朋友，祂們會跟著一起上去。

自己懺悔的力量是最大的。沒有人可以幫你，只有你自己可以幫你自己。

一走到五百羅漢塔時，各個義工就定位，右手握金剛拳放於背後，左手緊握菩薩加持的菩薩水晶，形成一個結界，儀式開始。

我們一個一個排隊進入到五百羅漢塔裡面，慢慢走成一個圈，然後不斷的在五百羅漢塔繞圈，一直唱誦著「唵嘛呢唄美吽」。

後來，我們改唸「南無阿彌陀佛」聖號，一直到後來走完結束，很多人流下了感動的淚水。

剛開始，我們在唸六字真言、轉五百羅漢塔時，我們的冤親債主都跟在旁邊，祂們也不知道我們要幹嘛，就飄的、跟著繞那個塔，那時候，塔的四周就形成一個漩。

然後，佛塔的每一層就這樣打開，一層轉左、另一層轉右，一直不斷的在動，後來，中間有一根像權杖一樣的器物被打開在轉，而且轉很快，那個塔就跟著開始轉很快。

我們就這樣轉塔唸六字大明咒，後來，菩薩說要改唸佛號「南無阿彌陀佛」。為什麼要唸南無阿彌陀佛？因為我們要把冤親債主送走。

有一些人有靈異體質，可以感覺到塔頂形成一個漩渦繚繞而上，雲層厚重的天空透出一片光，把一些靈魂帶走。

我們在唸南無阿彌陀佛聖號的時候，那是非常純潔、非常純淨的一股能量。

我們身旁的好朋友們本來是跟著我們在走，也不知道我們在幹嘛，當我們忽然間唸「南無阿彌陀佛」時，天空開啟，佛陀降臨，祂們往上面看，祂們忽然間停住了。當祂們停住，就是重生的開始，因為祂們願意停下腳步聽佛號。當祂們停下來時，漩渦就把祂們吸上去了。有很多的好朋友們，祂們雙手合十，就這樣子跟著上去了，有的冤親債主就真的這樣被接走了，非常感動。

當然，有些冤親債主祂覺得沒有什麼，不為所動，祂還是一直跟著我們，因為祂的執著。

我們會執著，祂也會執著，我們要以同理心去感受祂。

祂為什麼要執著在這裡？祂為什麼不去投胎？有好處為什麼不去？就是因為祂感到沒好處，祂害怕、未知、無明。

有人叫我們去一個沒去過的地方，我們會害怕。那麼，替祂們想一想，祂們也會。

所以，祂必須在我們身上不斷的感受到愛、沒有恐懼，祂們才會在接下來的兩天裡跟著菩薩走。因此，接下來的兩天，都是我們感動祂的時間。

第三天的清晨，在法雨寺裡，我們有普佛，普佛是一個很好的儀式，做功德迴向給祂們。

如果祂們沒有走的，盡可能讓祂們參加普佛，跟我們一起去普佛見見菩薩。

第三天上午會去佛頂山，我們在佛頂山會看見菩薩，那又是一次帶走祂們的時間。這對祂們來說，很重要。

我們還有很多的機會可以去讓祂們跟菩薩接觸，讓祂們更認識菩薩，更接近菩薩。

我們可以利用接下來的兩天，希望那些還很執著的朋友們還有機會認識菩薩，跟著菩薩走。

祂們要怎麼相信神明？要藉由我們。透過我們的改變，我們的虔誠，我們的誠心，才能讓祂們感覺原來我們有改變了。跟著菩薩走的時候，祂們就會有個方向：「這個神不會騙我，這個神是存在的，我不要害怕，我就是跟著祂走。」

我們的前世可能是一個大壞蛋，也可能因做錯了什麼事情，得罪了祂，傷害了祂。但祂看見我們有改變，祂會願意給我們一個機會，也會願意給祂自己一個機會。所以，這是我們可以努力的部分。

【洛迦山圓通禪院：祈福】

我們繞完佛塔，送走好朋友之後，接著趕到了圓通禪寺。

第三梯次的普陀山，此行三十七人，其中十六人（包含我）負責祈福卡，二十一人負責護持。

中間站十六人，每行、每列都四人，不管哪一個面向，它都是頂天立地的四柱，都是一個非常穩固的祈福隊形。

十六人中，一人手持金剛經，另外十五人手中各有一疊祈福卡。

我先持誦金剛經，其他十五人同時唸祈福卡。

當我唸完一部金剛經之後，會喊「換」，我們十六人同時將手中祈福卡或金剛經，交給左邊的人祈福，並接下右邊的人交給我們的祈福卡繼續祈福。

當我再喊「換」，大家就再交換。就這樣一直不斷的交換祈福卡祈福，金剛經就輪著拿，拿到金剛經的人就唸六字真言。

直到金剛經輪回到我手中，祈福才結束，每一張祈福卡都被祈福十六遍。

我們十六人站著就定位後，我告訴護持同學：

「你們有一個非常重要的任務，要協助我們，你們要圍在我們旁邊，口中要一直不斷的唸六字真言來保護我們，當下在唸的時候，你們要閉眼睛，要非常虔誠、專注，不能分心！當我們在唸祈福卡的內容時，一定會受到很多的干擾，所以，我們需要旁邊有你們來保護我們，你們很重要，所以把這個艱難的任務交給你們了！我們十六人要非常專心的在祈福卡上面，你們也必須要非常專心地唸六字真言保護我們，不用唸出聲音也沒關係，或坐、或站、或是盤腿都沒關係，我們就是需要你們的護持力，你們就是一直不斷的唸，唸到我們祈福結束為止。希望在你們護持下，讓我們唸祈福卡沒有受到干擾。所以，外圍周遭的護持力量非常重要，你們一定要定下心來，你們的專注很重要！如果你們護持的力量、能量場不夠強，我們裡面的人會受傷！所以，我必須要很真摯地拜託你們，無論如何一定要非常專注，心無旁鶩，什麼事情都不想，你就只想著：我要保護我們愛班同學，讓大家把祈福卡唸完，讓所有人都很好！」

我們已經做完了昨晚「理苦、離苦」的功課，也收穫很多，我們都已經沒有自己了！我們這次來，包含我們頂著烈日、上船、下船、爬階梯、步行到五百羅漢塔，再到圓通禪寺進行祈福，太陽很大，很辛苦，汗流浹背，會有身體不舒服的狀況，我提醒大家，請自己照顧自己。

無論如何，你靜下心來時，當下你就只為眼前這些朋友好、為別人好。譬如：「有寫祈福卡的人，我希望你們好！我當下要護持這麼多同學，我希望大家都好。」

我們在圓通禪寺唸完祈福卡、做完祈福之後，我們要趕快下山，下午還要趕到法雨寺去，我們還要再做一次祈福的動作。

因此，對我們來講，護持的同學一樣非常重要。

【鞏固能量牆】

我們一離開佛塔，到圓通禪院的時候，我們身邊其實跟了更多無形，因為有阿飄會通知，所以，祂們陸陸續續的紛紛從海上、陸地上來，從各個地方來，而且愈來愈多，超恐怖的！我那時候真的很不舒服！

我們十六人在圓通禪院唸祈福卡和金剛經的時候，護持同學集結在周圍唸「唵嘛呢唄美吽」，是如此整齊，我們自己有很深的感覺跟震撼，那個磁場鞏固得非常強，沒有阿飄有辦法可以摧毀它。

我們在唸祈福名單的時候，集結的無形愈來愈多。

但在圓通禪院這裡，我們不接受旁邊的無形加入我們，而且我們也不會超渡祂們，我們就只單單為祈福卡上面的名單祈福，這部分菩薩說得很明白的。

剛剛在五百羅漢塔沒有上去的靈，或是後來被招來的靈，會期待在這裡可以被超渡。但不行！所以祂們會撞能量牆。

一直到後來護持同學累了，唸六字真言的聲音就亂了，我發現情況不對了，有阿飄一直撞能量牆，想要進來。

所以我很緊張，因為只要被撞破了之後，我們唸的祈福卡都白費了，所以我一定要把大家唸的六字真言重新帶整齊，再把能量牆重新圍起來。

所以，在唸六字真言的護持同學，真的非常重要！

我在唸金剛經的時候，我聽到同學一直不斷的很用力的唸六字真言，我很心疼，中間我有一度跟菩薩講：「怎麼辦？我好擔心他們很累，因為要一直不斷的、沒有休息的唸，好辛苦喔！我很於心不忍，我覺得很過意不去！」

菩薩就說：「你唸你的金剛經！」

雖然祂們很想進來，但我有跟祂們說現在不行。

祂們就問：「那麼，我們還有機會嗎？」

我說：「有！我不確定什麼時候，但一定是明天。」

阿飄問：「明天你們會去哪？」

我說：「我們一定在本島上。」

【洛迦山終點——入解脫門：把苦丟向大海】

離開五百羅漢塔後，我們繼續上山，沿途禮拜了圓通禪院的觀世音菩薩、大悲殿的千手觀音、大覺禪院的三寶佛和送子觀音。

最後，我們來到了洛迦山的終點「入解脫門」外。

菩薩在海上，在洛迦山的終點「入解脫門」，你可以望向大海，「恭請南無觀世音菩薩」九次，然後深呼吸，把苦丟向大海，請菩薩帶走負能量。

面對海邊站了一下，把苦丟向大海後，我告訴大家：

「這就是菩薩說的：『用你的眼耳鼻舌身意去感受，所見一草一木一花一樹皆有涵義。』尤其是我們站在海邊的時候，所有的萬事萬物好像靜下來了，你可以聽到許多的聲音。你可以聽到有海的聲音，有鳥的聲音，你可以感受到微風吹動，你可以感受到片刻的寧靜。」

讓靈魂有片刻的寧靜，很重要。

當人靜下來時，你會發現，你不是只有一個人，還是有很多事物陪伴在你身邊的。

法雨寺

【法雨寺：賜福轉運儀式】

搭船離開洛迦山，回到普陀山本島，我們來到法雨禪寺禮佛。菩薩帶領我們在此做一個賜福轉運的儀式，每一圈轉動方向不一。

我們圍繞著一個佛塔進行。

轉第一次時，中間第一圈的人轉順時鐘，第二圈轉逆時鐘，第三圈轉順時鐘，第四圈轉逆時鐘。每一圈轉的方向都不一樣。轉的時候，唸九次「唵嘛呢唄美吽」，之後停下來，講一聲「轉」，然後，身體往右往回轉，本來順時鐘的就變成逆時鐘。

轉向之後要走第一步時，很大聲的喊「福」，再邊繞塔邊稱唸九次「唵嘛呢唄美吽」。

總共轉十二次，所以我們會稱唸一百零八聲。

那份力量是很強大的。

第一次轉時，我們轉得不是很順；第二次，就開始慢慢熱絡起來，一直到菩薩說「跑」的時候，大家很開心的整個都放開來了。

儀式開始後，我們可以聽到帶領我們的是一聲聲如雷貫耳的「唵嘛呢唄美吽」，每一句都很大聲、宏亮，充滿力量。

這次出現的是男身、男相、外貌有點嚴肅的觀世音菩薩，也在跟著我們一起喊「唵嘛呢唄美吽」。

另外，我們剛開始繞的時候，本來圈圈很小，後來跑一跑，圈圈變大了。圈圈愈來愈大，福氣也愈來愈大。

菩薩開示：「這也意謂著，人只要願意動，你的福氣就會變大。很多事情只要願意動，願意努力，你的福氣就可以跟著你自己做一些改變。」

【法雨寺普佛前夕：豆沙包】

晚餐時，我們拿的豆沙包是不能吃的。明天普佛用的豆沙包是為了讓你有一個新的開始。豆沙包的用意，是為了讓我們普佛完之後、吃了之後，能夠定下心來開始。就像給你一個定心丸一樣，祈求所有的事情都從明天普佛之後一切好轉。

但是，如果你今天晚上真的很餓，菩薩強調這件事情，如果你真的很餓，就把它吃掉沒關係，當作宵夜。如果你真的超想吃的，忍不住把它吃掉了，相信菩薩會原諒你的。

因為你肚子太餓，餓到一個極點，菩薩是慈悲的，你就跟菩薩講：「抱歉！明天普佛的豆沙包，我現在要把它吃掉。」沒關係！你餓了就吃。

人生就是這樣。你要做什麼事情，就這個時候去做。你這個時候要睡覺，你就去睡覺。你這個時候要休息，就休息。你這個時候要吃，就吃。不一定要強求。

【收放自如】

第二天晚餐結束前，我們有一個儀式。牽起隔壁的手，以前我們唱「唵嘛呢唄美吽」都是很嚴肅的，此刻我們要唱很開心的「唵嘛呢唄美吽」。

這是為了要讓我們等一下回房後，還能夠不會太累，還能靜心。如果現在就放我們這樣走了，等一下回去就可以馬上躺下睡覺了。所以，要能夠強迫我們趕快靜下心來。

牽起手，是為了要感恩現在在我們身邊的朋友，很感謝他們，讓我們這次可以一起來普陀山。

本來，菩薩只是想讓我們靜心下來，唱唱歌。沒想到好像變成聯歡晚會，大家很開心的擁抱、拍照，彼此的感情更好、更熟識了，也更能聊得開、放得開了，感覺上，我們身邊就是跟我們一起來普陀山的家人。

這一點大家真的很棒！該放的時候能放，該收的時候能收，這就是收放自如。為什麼收放自如？是因為自己可以控制自己。

【法雨寺普佛：勿批評，看一切皆圓滿】

第三天三點起床，我們要去法雨寺做普佛，希望可以聽聞佛法，跟著僧侶一起做早課普佛。

普佛前，半夜三點半大家在法雨寺門外站了一小時，保全不讓大家進去，因為我們沒有每一個人都支付上疏文費用。

數字是魔鬼。神明不要錢，但寺廟為了要維持運作，因此，希望普佛的每一位香客都能填寫一張早敬名單，並支付上疏文的費用，作為維持寺廟運作的財源。

半夜被擋在門外的這一個小時，是我們落實菩薩叮嚀的時刻：「懷抱感恩的心去看菩薩。抱持理解心，勿妄語，勿批評，勿動怒。心中有愛，看一切皆圓滿。」

【法雨寺普佛：站哪都好】

法雨寺普佛時，有人想挑最好的位子看見菩薩。我們心知自己所想，不需別人糾正。

其實，比較正確的心態應該是：我們站在哪裡都好。

我們站在哪裡，菩薩都看得到我們，菩薩不是只有在雕像裡。

【法雨寺：把心放空】

在法雨寺的時候，有同學感到很沮喪：「怎麼都沒什麼感應？有些人都有哭，有些人都有感應，為什麼我沒有感覺到？」

其實，你們都不要急著想要有什麼感覺。你就放空自己，不要有什麼感覺。

我們來看菩薩，我們來看媽媽。

你不會對媽媽有什麼祈求：「媽媽，你給我一些感應；媽媽，你給我一些鼓勵」。

我們總是要把自己先做好，媽媽不是自然會給我們鼓勵和感應嗎？

所以不要求著說：「我一定要有感覺到什麼，有看到什麼，我一定要有什麼神通……等等」。

我們就放空我們的心，就只是來看看菩薩，只是來接近媽媽，只是來跟媽媽撒嬌：「我真的很希望媽媽可以多看我一下，多憐憫我一下，多關注我一下。」這樣子而已。

把自己的心放空，把感覺放空，你才可以跟菩薩愈接近。

為什麼？因為你一直很想要有什麼感應、有什麼感覺，你的心反而是混亂的，反而會起了欲望、念頭或貪念。

你會想：「別人有，為什麼我沒有？」你就起了比較心。你反而都在看別人，而忘了你自己。

其實佛在你前面，你也很希望佛看見你，你也只看見佛吧！

所以你看著菩薩，你也希望菩薩能看見你，這樣就好了。

你不要去看別人有哭、有跪、有怎麼樣。

就像我們普佛時，有的人會：「喔！他好厲害，他都知道什麼時候要起來，什麼時候要跪，什麼時候要禮拜。」

你就算閉著眼睛一直到忘記了，別人都已經在跪三拜了，然後你都還站在原地，也無所謂。你就做你自己。忽然間看到旁邊已經在跪了，你就不疾不徐的跪。不用：「唉喲！好緊張喔！他剛剛跪了，我沒有跪。他剛剛拜了，我忘了拜。完了！菩薩會不會看不見我？菩薩會不會說我怎麼動作太慢？」不會！

我們就做我們自己要做的事情就好了！來不及，沒關係，我等下一個禮佛拜的動作，不要急著一定要跟別人一樣。

請大家用心去虔誠的禮拜，不要去在意別人發生了什麼。

我們就把自己的心放空。別人有什麼樣的反應，每個人有不同的因緣，我們就隨意自在就好了。他有他的感受，我們也有我們的感受。

你今天可能沒有什麼感覺，也許你太累了，也許你明天是哭的最大聲的也說不定。這很難講。我們沒辦法告訴每一個人說你一定會有什麼樣的反應。

就像我們看見菩薩在我們飛機的左邊，很多人還是說：「我就是沒看見，就是一團光。」

有的人會說：「我看到照片，閉上眼睛，靜心觀想，就看到菩薩的樣子，可是我睜開肉眼，我就看不見。」

所以有時候，也許是用「心」就可以感受得到。

例如我們去廟裡面，你什麼都看不見，但菩薩依然在，你是知道的。

就像你看不見愛，但是愛依然存在，意思是一樣的。

很多東西是沒有辦法用物質及具體的形象立現來給你看的。

菩薩說：「很多人知道菩薩存在，很多人都知道神蹟，很多人都知道感應的存在。可是有些人在自己還沒有感應的時候，他就會去告訴別人說這沒有感覺，然後去影響了別人。可是有的時候，並不是用你真正的感覺去衡量別人的。所以，何必一定要強行的去說服別人？就隨緣、順其自然吧！」

人生就是這樣。你這個時候要做什麼事情，就去做。不一定要強求。

【法雨寺普佛】

法雨寺唸的普佛經文是非常完整的一套。雖然，我們付錢去做早敬跟普佛，但事實上，我們是捐給佛法僧，供養一座廟。

借他人的佛門，做自身的佛事。我們在那邊也許聽不懂，我們就是跟著，要跪、要拜、要怎樣都可以，不用去在意他人。空，無，忘我。

如果僧侶覺得我們太亂，他們會包容的，我們就做自己要做的禮佛就好。

這次，我們很大聲的唱完「南無消災延壽藥師佛」，後面，師父還加誦了一部非常完整的藥師佛經文。而且左邊僧眾跪拜完，換右邊僧眾跪拜；右邊跪拜完，換左邊跪拜……所以，這次法會做得很完整。

【法雨寺加持】

普佛結束，我請大家把想要菩薩加持的所有物品拿在手中，並找了八位同學回到大殿中，一起磕三個響頭，恭請菩薩為大家加持背包內的物品。

事後我告訴大家：

「本來菩薩說，這次絕對不會幫我們加持任何的物品。因為我們在出發前，我們過多的貪心，害了我們自己。我們帶了太多的餅乾、糖果、巧克力、項鍊、佛珠……帶了太多。」

當然，我們是好心好意想要帶回去跟大家結緣，一起分享，但這會造成別人的貪心貪念。所以，菩薩原本決定不幫大家加持任何東西的。菩薩不希望加持之後造成大家的貪心跟意念。沒想到到了現場，菩薩說，因為我們真的很認真、很乖，菩薩說祂願意加持。

但菩薩說，要幫大家加持這麼多東西，能不能讓祂看見更多的願力？菩薩希望看見更多人「很想要讓別人也很好」的決心。

於是，我就再找了八個人，連同我自己九個人，非常虔誠的磕了三個響頭，祈求菩薩加持。

磕頭之後，菩薩答應幫我們加持手上的東西。所以，我們如果有帶隨身物品，都會幫我們加持，我們要好好的珍惜。

不要去在意菩薩加持在裡面的能量是什麼，那就是一份心意，充滿著菩薩給大家的祝福。

謝謝跟我一起磕頭的同學，如果沒有他們，大家也不能加持到那麼多的物品。

每一個人各磕了三個響頭，才成就了此事。所以，真的是要靠大家合群合力的幫忙。

很多事情，都需集結大家的願力完成，非一人所能。

這個團體裡面有滿滿的愛，有一群很恪守本分、很遵守規矩、很開心、很勇敢的孩子們。

愛班就是這樣，找誰出來，誰就會站出來，他們都沒有想到說「幹嘛找我，我會痛耶！」我們可以看到、聽到剛剛同學磕頭時很用力的叩叩作響，就是因為他們已經忘記自己了。在磕下去之後，就算覺得好痛，但是這些痛都是歡喜心的痛。這就是菩薩一直在講的「無我」、「沒有我自己」的境界，沒有把自己的事情、自己的疼痛當作一回事。歡喜心，甘願受。

希望大家都延續著這個愛，心中有愛，一直不斷的走下去。

其實，我們跟菩薩磕三個響頭也是應該的，因為我們受到菩薩很多的照顧。也希望把這個化成願力，一起祈求菩薩可以幫大家加持。

很謝謝菩薩，我們只用三個磕頭，就可以換得大家的福氣，很值得。

我同時提醒一起磕頭的同學：「磕響頭，是無所求的付出願力，是只想讓大家有更好的願力，不比誰大聲，不比誰次數多，否則就是把付出量化了。」

大殿菩薩的勉勵：

「在菩薩道，每一個人都要相知、相惜、相守，因為這份緣分得來不易。我們要彼此相知相惜，保護大家。這都是非常辛苦的。希望共同的願力一起來承擔，希望歡喜心來接受。手牽著手，共同希望眾生能夠擁有更好的人生。」

大家互相手牽手，因為還有更多的願力需要我們去完成。現在磕頭的痛只是短暫的，眾生遭逢的人生傷痛卻是長久且難以抹滅的。不要忘記今天曾跪在此，大家一起用願力，共同希望帶給大家更多的幸福、更多的平安，發願要把愛傳遞給需要的人。

如果我們願意助人，就能造就別人的幸福。菩薩需要更多的愛去傳遞。希望讓所有人心中都有很多的愛，讓大家都因為心中有愛、有菩薩，不會怕辛苦，不懼怕艱難。

【法雨寺：賜財轉運儀式】

加持完後，我們拿著菩薩加持的棒棒糖，雙手合十，恭請菩薩，再次手牽著手，圍著法雨寺的佛塔，邊繞邊持六字大明咒，進行賜財轉運儀式。

昨天是賜福轉運，轉身時喊「福」；今天變成賜財轉運的儀式，轉身時還是喊「福」。因為有福才有財。

儀式結束後，我提醒大家：「回去之後，大家的財運都會愈來愈好，愈來愈平穩。當然如果我們不努力，一定還是一樣。但若我們願意努力，菩薩一定會給我們很多很多的福氣。若是有一天賺錢了，記得回饋這個社會，記得幫助更多需要幫助的人，我們已經很幸福了。」

佛頂山

【佛頂山：體驗苦行修】

第三天上午，我們坐纜車去了佛頂山慧濟寺參拜釋迦牟尼佛。

菩薩叮嚀：「全程不語。慧濟寺頂禮叩拜。佛頂山集合，感應菩薩降臨。」

在佛頂山坐纜車的全程安靜不語，去程跟回程都不能講話，這是一種訓練。也禁用手機，不要拿出手機來看、來玩。

如果大家都不認識、都不熟識，你就不會講話，因為很難講。但是，因為現在感情愈來愈好了，想要講的話就愈來愈多了，想要做的事也多了。欲望多了，想要控制它就變難了，所以，這是一個很重要的功課。

搭纜車的隊伍排得很長很久，全程不語、不滑手機，等待了一個小時。有的人看著自己的手冊，有的人看著自己的筆記，每一個人都有事情做。

這個行程是為了讓我們體驗苦行修。以前的苦行僧，一直走一直走，不講話，但是他能聽到旁邊的人說什麼。

如苦行僧一般的不語、靜心行走著，是菩薩要讓我們有很簡單的修行體驗。靜心下來，你會聽見很多的聲音，看到很多的人事物。

我們因為不講話，後來，別人也跟著不講話。

所以你會發現，原來我們是要用自己的行為去改變別人。

我們常常說「你先改」。

但我們都沒改變，憑什麼要求別人先做呢？

有時候，是自己的行為先做到了之後，才能改變別人，別人就會跟著做到。

我們會藉由自己的行為影響到別人，而改變了別人。這就是一股很強大的潛移默化的力量，它是無形的，但它承載著很多的願力與力量。這就是改變的力量、改變的動力。我們先從自己做起，別人才會跟著改變。

【佛頂山：菩薩示現】

佛頂山是菩薩應允讓我們可以肉眼看見菩薩的機會。大家在慧濟寺參拜釋迦牟尼佛之後，集合在外面的一個廣場（蓮洋觀景台）。雖然起了很大的霧，但很幸運，雨剛停。由於當時起大霧，我們要看清楚菩薩會很辛苦。只能用自己的誠心，祈求菩薩能讓我們看見。

我們跪下，用最恭敬的心恭請菩薩。誠心祈求菩薩示現讓我們看見，就僅僅那麼一眼、一秒鐘都沒關係。

閉著眼睛，我們跪在地上，靜靜的，唱著六字大明咒，希望菩薩在歌聲當中出現，希望用自己的誠心感動菩薩。

我教大家，閉上眼睛，等到我們覺得菩薩來了，感覺時間到了，就可以睜開眼睛了，想要睜開眼睛的時候再睜開。

菩薩來了，就在正前方。

睜開眼睛，用肉眼看到的是像白雲、霧一樣的菩薩，白色的邊，非常巨大的一尊。祂在茫茫的雲霧當中。

大家無法真正看見菩薩的完整樣子，但是，可以非常清楚的感受到菩薩就在那裡，可以明顯的感覺到菩薩就在大家的正上方。

接著，我們一起唱誦「南無觀世音菩薩」，告訴菩薩願望，也告訴菩薩我們很愛祂！

再次閉上眼睛，感受菩薩給我們的紅色光。

最後，大家深深的頂禮三次，祈求菩薩把我們的冤親債主帶走，希望菩薩可以幫忙這些曾經跟我們有過累世因緣的好朋友，希望祂們能夠跟隨著菩薩離開，前往西方極樂世界，離苦得樂，並請求菩薩開啟祂們的輪迴新生跟重生。

我們懺悔頂禮，謝謝冤親債主！感恩菩薩！

以往在恭請菩薩的時候，很少要我們跪下來。

這次我們會跪下來，是因為菩薩讓我們跪，是要給我們很大的能量和勇氣。

所以，我們跪下去的時候，全身起了雞皮疙瘩和感動，是因為菩薩給了我們很多的勇氣。

我們要好好的珍惜這份勇氣，在自己的事業或是人生當中，去做一個正確的決定。

我們在來的路上，地上都是濕的，之前是下過雨的。回程的時候，看到地上也還是濕的。那些跪拜的人，他們身上都是泥巴，手都是濕的。

但我們看菩薩的場所，在我們跪拜叩首時，地上都是乾的。

大家都在同樣一片天地當中，沒道理下這麼大的雨，其他地方是濕的，那一片平台卻是乾的。真的很神奇！

而且我們只有下山要吃飯時滴到雨，在佛頂山看菩薩時，雨是停的。

佛頂山回來，吃完午飯後，天氣又變好，暫時放晴了，我們因此可以很舒服地去逛普濟寺，參拜莊嚴慈悲的菩薩。

行程結束，下了車，前腳一踏進飯店，大雨突然瞬間傾盆而下。

菩薩特意給了我們一個很舒服的環境，謝謝菩薩愛我們，感恩菩薩一直都在我們身邊！

南海觀音大佛

【南海觀音大佛】

我們到南海觀音大佛之前，菩薩叮嚀：「靜心，境心，有淨心」。要先靜下來你的心，你的境界、你的心的寬廣度會變得不太一樣。你會發現，你不過就是一個很小很小很小很小……的人物。在菩薩的眼中，你就是一個眾生，你非常非常小。但你這麼小，你做什麼，菩薩知不知道？都知道！而且很清楚。所以你的一言一行，都影響著你自己的因果，影響著你自己的未來。你做什麼事情，菩薩都知道。你不做什麼事情，菩薩也都知道。所以，你對你自己負責。你想要有什麼樣的人生，你從你自己人生當中開始做起。

人的心境界不同了之後，可以包容的事物也就變得不太一樣了。你的清淨心就會出現。

因為你知道什麼事情是你可以得，什麼事情是你不能得的。

有些事情是有所規範，有些事情是無法規範的。

你已經能夠用比較超然的境界心去看待別人及自己的事情。你會有所分別，也會知道什麼事情是屬於清淨的那個部分。

不起煩惱心，就是先有清淨。

而不起煩惱心，就是先讓自己有智慧。

為什麼有些人很不起煩惱心？是因為他先有了智慧，他知道怎麼做可以讓自己不起煩惱，怎麼做可以讓自己沒有憂愁。

多餘的憂愁，太多慮、太多想法，其實都只是讓自己愈來愈憂慮。想得太多，對自己並沒有幫助。

很多時候，單一的念頭就只是直覺的去想，直覺的去做。你不需要想得太多。

如果你是善心善意，發自於善心善念的，你的第一個直覺通常都不會太糟糕。因為你的念頭很直接，你的想法很單純，所以，你不會因為第一個直覺而害到別人。

所以我們常常會講：「不知者無罪。」就是因為他的想法很單純，他的念頭很單純，所以他不是故意要害別人的，那麼，就可以被原諒。

有的時候，人如果是單純的念頭，當然比較不會有那麼強的殺傷力，也比較能夠值得讓別人原諒。

所以無論如何，不管環境怎麼樣變化，你一定要想辦法讓自己的心一直維持在非常清淨的狀態。不落俗事、俗套，有自己的見解。

我們集合在南海觀音的廣場後，菩薩提醒：

「法一直不斷的在你心中轉動，你會知道善有善報，惡有惡報，很多事情是有因果的。哪怕是一個念頭，它都可能會使人改變。

當念頭一出現的時候，你就要想辦法去分辨什麼樣的念頭是對的，什麼樣的念頭是錯的。然後，盡可能地讓自己維持住善根、善心、善念。」

在與時俱進的情況下，你必須隨著社會的改變，去做心理建設的改變，以及觀念的改變。

不要用固執的想法去改變別人，譬如：「我認為這樣做是對的，我是為你好，所以，我強迫你一定要跟我一樣，因為我認為的是真理，我認為的是對的。」

法輪是世間法、佛法、還有，有關於所有的因果，它都是一直不斷的按照這世間當中的世間法一直不斷的在轉動。

沒有人有權利去評斷誰是對的、誰是錯的。我們都必須要一直不斷的尊重人生當中所有的因果跟輪迴，它會一直不斷的產生，乃是因為我們的心思、我們的思想、我們的念力，所以我們要懂得控制它，不要有不好的想法，不要想要去陷害別人，不要有放任的想法，不要有過多的貪心，因為那些都會讓我們陷入魔鬼的境地。

我們常常講：「無我，空無。」

不用管別人在做什麼，你們做好你們自己。

所有的人都是菩薩的孩子。

我心向著菩薩，我便無他騖。

我心向著菩薩，我便無他念。

我心向著菩薩，我便心無罣礙。

何無罣礙？怎麼樣會沒有罣礙？

放下了，我不要了，我就沒有罣礙了。

我不在意了，我不怕了，我就沒有罣礙了。

我不去在意原因和結果，我不去在意我會得到什麼，我就不怕了。

所以我們要能夠放下，放下你心中想要的。

人如果心裡面有太多欲望：「我一定要……」，就會讓自己陷入愈來愈重的執著，就愈不容易得到。

【南海觀音大佛：感受菩薩給你的話】

一行人安靜不語，走到南海觀音廣場的大爐前，靜靜地找位子坐下來，大家排排坐，恭請菩薩。

菩薩要送給大家一段話，那是菩薩要給大家的禮物。

閉上眼睛，靜下心來，細細的想想，在這四天的行程當中，菩薩告訴過我們什麼，菩薩教我們學會什麼，想一想這四天的課程是什麼。

靜下心來，去感受菩薩要跟你說的話。

坐下來的時候，菩薩會有話要跟你說，也許是一段話，也許是一句話。

你就靜靜地坐在那裡，當你似乎想到一句話，覺得菩薩好像跟你說了什麼，沒錯，你不用懷疑，相信你自己，就是那一句話。

事後有人問我：「大部分的人都得到了菩薩的話，為什麼我沒有機緣聽到呢？」

我回他：「菩薩說，祂當下就有給你了！只是你認為那是你心裡面想出來的話，你不認為那是菩薩給你的話。其實，那就是菩薩給你的話，但你一直執著在於要聽到菩薩的聲音。你那時候，心裡面有好多好多的自我對話，那就是菩薩跟你之間的對話了。」

人會很執著：「老師說會聽到菩薩的話，我怎麼沒聽到？」

每一個人都有聽到，一定都有想到什麼。那個想到什麼，就是菩薩給你的靈感。

【南海觀音大佛：祈福】

我們在洛迦山佛塔和圓通禪院幫大家唸祈福名單的時候，就已經把祈福字句跟經文全部都送上去了，這消息在無形界傳得非常得快，我們在南海觀音大佛那邊，一下車的時候，其實，滿滿的無形全部跟著我們，因為我們穿了一年愛班的班服。

我不知道祂們是去哪裡打聽我們會在南海觀音大佛那邊下車，我們一下車，有阿飄說：「喔！今天穿白色的，昨天穿紅色的！他們以為他們換了衣服，我們就找不到他們。跟著啊！跟著上衣有菩薩圖案的人！」

在之前，菩薩就跟我說，這天狀況會很多，我整個神經是非常緊繃的，我都不講話。

我想：沒關係，只要大家都跟著我們去就好了。

到了南海觀音大佛，我們不斷的繞，上上下下，又繞上，又繞進，又繞出。為什麼要一直繞？

菩薩說，只有一心真的想跟著菩薩的，才會跟著繞。

太陽這麼大，對祂們的能量是很損傷的，祂們還會堅持忍著，就是因為祂們堅持相信「跟著就對了」！那需要堅定的毅力，也是要有一個願力，真的希望「我要跟菩薩回家」！

普濟寺

【普濟寺：祈福】

大家在普濟寺右側集合。我們幫眾生祈福的時候，是不具任何形式的，我們只要排出隊形。

此行有三十七人，原本中間是四行、四列的十六人組，除了面對菩薩的第一列前面不再加人之外，每列的左右兩側各加兩人（每列變八人），後面也可以再補第五列。

也就是說，大家沿著四乘四隊形的兩側和後面延伸開來即可。

大家要盡量靠緊。能量愈聚集，愈專注，送上去的力量就愈強，大家祈求的事情也愈平安。

祈福不具任何形式的意思是，要坐就坐，要站就站，要跪就跪，不說話、不用唸出聲音來也沒關係，就是一直不斷的祈福。

你只需要靜下心來，定下心來，心中專注的一直祈求你所要祈求的人、事或物，為他人，不講自己。你如果知道有需要幫忙的人、事、物，你就去為他人祈福。

如果沒有特定對象，或是你已經講完特定對象了，你就幫眾生祈福，祈求這世間所有的眾生都能夠離苦得樂，尋得解脫，如此一直不斷的重複，一直到菩薩說結束為止。

跟你沒有任何關係的人，為什麼要去幫他們祈福、祈願？只是因為你為別人好，你希望大家都好。

所以，我們不單單只為一年愛班的，我們不為私，我們還有更重要的任務要做，為所有的眾生祈福，跟我們沒有緣分的、我們不認識的人，我們發心發願的去做這件事情，這個願力是非常宏大的。

也許，你沒有辦法藉由外在的形式去感受到你所祈求的力量，但不要忘記，我們心中只要愈沉靜、愈堅定，我們的祈福力量便愈大。

所以，我們在祈福的當下，無論如何一定都要全神貫注，非常專心、虔誠的專注在祈福上面。

經由你的意念所發出的每一個文字，你所唸的每一個字句，它都是一個最大的祈福力量，因為你是利他，而不利己。

當然，一開始時，如果你有什麼煩惱又浮上來了，麻煩你先把自己的事情先處理好，你才能夠幫別人。

因此，在一剛開始的時候，你可以先講自己的事情，講完了之後，放下了之後，就開始做利他的動作。

菩薩說：「這一次要傳達一個很重要的觀念，在普門品裡面講到的，很多東西是無相的，只有感受。」

之前，我們在法雨寺祈福，有繞佛塔的儀式，有唸金剛經，有唸「唵嘛呢唄美吽」，有唸祈福卡，我們都一直圍繞在形式上。

後來，我們來到南海觀音大佛的涼亭，恭請完菩薩之後，只是短短的四十九句「唵嘛呢叭美吽」，竟然就讓無形眾生跟著菩薩回家了。

原本我們在南海觀音，集體恭請菩薩後，還要唸六字真言。

到普濟寺的時候，我們有一個新的、不同的體驗：「怎麼什麼都不用唸？」金剛經也不用唸，六字真言也不用唸，連恭請都還要自己心中恭請。我們自行恭請完菩薩，就各自靜默祈福。

我本來以為要跪或站一個小時，但很快地，菩薩就跟我說：「可以了！帶大家三頂禮九叩首吧！」

我們頂禮完之後，菩薩就說好了。

有些人可能會覺得：這樣子有用嗎？這樣子可以嗎？

其實，你只要相信，能量都會出來，願力就會出來，力量就會出來。

菩薩一點一滴的在去除這些外相，去除我們對人物外相、事件外相、儀式外相的執著。

菩薩要我們體會，什麼叫沒有形式，不住外相。

我們有時候會希望得到保佑，認為一定要燒香、一定要焚香、一定要燒蓮花。

菩薩要我們去除這些外相的執著！

不要去在意我們一定要做什麼儀式才能夠得到什麼，不是要付多少錢效力就會比較強。

法會只是集合眾人之力，力量就會變得更強大，速度會比較快一點而已。

但是，擁有你自己的誠心誠意來做這件事情，是更棒的！

幫助往生者，幫助有形無形的眾生，幫助自己的冤親債主，自己來！

可以幫自己的家人祝福，幫自己的往生親人超渡祝福，而且每天在家裡都可以這麼做。

以後不管你做任何事情，不管有沒有那個儀式，你都知道，菩薩一定在。這就是普門品的真要。

【三頂禮九叩首】

講到三頂禮九叩首，要怎麼做？

站著三拜↓跪著三叩首↓站著三拜↓跪著三叩首↓站著三拜↓跪著三叩首。

拜拜就是要慢，所以，你們發現法雨寺師父動作很慢，那才是真正的禮佛，愈慢愈好，因為要顯現你的誠心。

三拜一定要慢！

合掌，慢慢的彎腰拜三次。

站著三拜之後，再跪下叩首，叩首時手掌要翻開頂禮，然後再跪坐起來，再叩首。跪著叩首共三次。

接著，就再站著拜三拜，然後再跪、再叩首，並翻掌頂禮三次，之後再站起來。

最後，再站著三拜、跪著叩首三次！

【普濟寺：自己請菩薩加持】

普濟寺旁邊有一個商店大街。

如果你買了一些玉要去拜拜加持，因為我們來不及消磁還原，所以，你可以把它握在你的掌心上，也許你有很多個，你就一把全握。

握在掌心上之後，你就跟菩薩講：「我叫什麼名字，我是從哪裡來的，我家住址，我的出生年月日，我現在手上有什麼東西，我分別是要給誰、給誰、給誰、給誰、給誰的，請求菩薩幫我加持，讓我可以把普陀山的靈氣帶回去給他們一起分享。」

接著，你就握一下，然後跪拜三拜之後，站起來，拿到外面很多人插香的地方，面對著香爐，順時鐘繞三圈。

三圈繞完之後，記得再放到手心上一下下，然後你都要一直握著，一直到你離開這個寺。

從面對寺廟的右門進去，就一定要從左門出來。

從左邊進去，就要從右邊出來。從中間進去，就從左邊或右邊出來。不要從同一個寺門進出。

你拜完、加持完之後，再從另外一個門走出來。走出來之後，你就把它放開來，放在自己的包包裡面。這樣就完成了。

只有在普陀山可以這麼明顯的由自己加持。

有些人會想要加持皮包、員工證……什麼都可以。

你身上可能帶了很多自己的東西，想要加持，有的人是這樣，包包裡面全部都是加持品，你就抱著，拜拜：「這一包裡面都要加持，菩薩都幫我加持。裡面有什麼、有什麼、有什麼，回去要給誰、給誰、給誰、給誰。」這時候，你頭腦要非常清楚的一一唱名。

有的人會這樣，假設你買了十個玉要加持給十個人。但拿回去之後，心裡想著：「慘了！哪一個是哪一個人的？哪一個是給誰的？」

誰該拿走哪一個，其實都注定好好的，你想拿給誰就給誰。

若買木頭雕刻品，建議大家買回去只當藝術品，不要膜拜。因為你一膜拜，會有很多的問題。你拜它、跟它講話，萬一有靈進去了，你根本不知道它裡面到底是鬼、是靈、是神、還是魔。你就把它當作漂亮的藝術品，拿去擺，或拿去送人。盡量不要拜它，真的不建議拜它。

紫竹林禪院

【紫竹林禪院：菩薩的眼淚】

紫竹林禪院的白玉觀音臉上有明顯淚痕。

菩薩給了我們一句話：「悲運同體。無緣大慈，同體大悲。」

紫竹林禪院是菩薩在進駐中原時，除了到洛迦山之外，最早來佈法開示之處，讓中原人可以接觸到觀世音菩薩。

菩薩說，祂體會到眾生的苦，知道眾生很苦，來此跟菩薩祈求，菩薩都會聽到，菩薩都會看見，菩薩也都知道大家的苦。菩薩聽完大家的祈願、聽完大家訴說自己的苦之後，菩薩感同身受、心疼的流下眼淚，希望眾生可以脫離苦、得到樂。

菩薩是愛我們的慈悲媽媽，當每一個孩子向媽媽訴說痛苦，菩薩媽媽就流淚一次。

媽媽不捨，但媽媽不能立刻出手幫孩子。

媽媽很希望可以如孩子所求，讓孩子立刻不痛。

但媽媽知道，有些過程必須讓孩子親身走過、痛過，才能真正幫助孩子成長。

菩薩其實是非常心疼大家心中的悲苦的，我們到這個地方來，感覺到非常的自在和快樂，因為我們把所有的痛苦都留給菩薩，希望從現在開始，我們都是開心快樂的。

把你的苦告訴菩薩，把你最近發生的事情告訴菩薩，然後，祈求菩薩可以給你智慧的開示，讓你在冥冥當中可以得到幫助。

【紫竹林禪院：訴苦、放下苦】

我們來到了紫竹林、紫竹林禪院、不肯去觀音院，最後又前往南海觀音。

我提醒大家：「今天是一個學習、又放鬆的課程。進入寺廟，就要遵守該有的禮儀、分際跟規則。

離開寺廟，就可以盡情聊天、開玩笑、拍照、做任何自己想做的事，因為大家已經學會『收放自如』。」

第一站是參拜紫竹林禪院的白玉觀音，我們看到菩薩媽媽臉上有明顯的淚痕。

無緣大慈，同體大悲。

菩薩不捨眾生苦而流下眼淚。

菩薩能夠體會所有人的苦，我們的苦，祂通通都知道，所以我們可以跟菩薩訴說苦。

但菩薩不會希望我們一直哭的。

我們看見菩薩，可以感動流淚，但不要每次看到菩薩都跟菩薩哭訴。我們能來普陀山，是幸福的。

我們已經不苦了，菩薩已經把我們的苦都收走了。

訴完苦之後，我們就堅強，繼續去面對我們的生活。

菩薩給了你很多的勇氣，好好珍惜那份勇氣。不管是在你的事業或你的人生當中，去做一個正確的決定。

我們可以回報菩薩的，就是讓自己愈來愈勇敢。

菩薩看見我們勇敢，祂是最開心的。

不肯去觀音院

【不肯去觀音院的歷史】

普陀山是觀音菩薩的道場。

菩薩講到不肯去觀音的歷史。在五台山的時候，慧鍔法師想要把五台山的那尊觀世音菩薩帶回日本，給他們自己日本國的國人看這尊菩薩。

慧鍔法師要把這個菩薩帶回去讓大家看，讓日本人都可以看這尊菩薩，是出自於善心善意，希望更多人可以看見菩薩，接近菩薩。但在菩薩的角度，認為：「在因緣際會下，由你幫我帶離了五台山，到了潮音洞那邊，我就留在普陀山。這也是一個機緣，讓我從五台山到普陀山。」

最後，船經過舟山群島普陀山時，在潮音洞那邊，菩薩一直不願意離開，因此，菩薩就直接留在普陀山了。

後來，這個地方便叫做「不肯去觀音院」。

他後來有誠心懺悔：「原來我不應該這樣。我應該把這尊菩薩留在這裡，因為祂是屬於這個地方的，祂就應該留在這裡，讓更多的人來。」

那時候，他也悟到一個道理：「如果日本國的國人要來看，我就請他們離開日本國，到這個地方來看看菩薩，這會讓更多人可以看得到祂。」

他後來想通了，領悟了這個道理。

【不肯去觀音院：把憂鬱交給菩薩】

來到了不肯去觀音院，有憂鬱症的朋友，可以跟菩薩講自己有憂鬱症，請菩薩媽媽幫忙收苦療癒。

菩薩要我引領有憂鬱症和焦慮症的同學，跟著我到不肯去觀音院裡面跟菩薩講話，大家把憂鬱症和焦慮症都交給菩薩。每一個目前有焦慮、憂鬱的朋友，可以得到菩薩給的一顆糖果。

希望大家都愈來愈好，可以不要有憂慮，不要有焦慮。

菩薩也提醒大家：有憂鬱症、焦慮症的同學，除了配合醫生專業的建議和藥物之外，其他的可能都要靠自己。

我們願意努力，才有可能幫到自己，神只是在我們心中給我們一股力量。在日常生活當中，我們要改變，要能夠重新振作我們的人生，還是要靠自己。

【不肯去觀音院海邊：祈福】

我們在不肯去觀音院還要幫助更多眾生，因為祂們在五百羅漢塔、圓通禪院、南海觀音、普濟寺有看見其他眾生真的跟著菩薩走，消息已經傳出去了。

我們主要目的是為了要幫大家祈福，但菩薩很慈悲，眾生需要菩薩，菩薩就會一併幫祂們，所以一定會先幫忙帶走祂們，然後才會開始進行我們的祈福。

菩薩說，不用害怕，因為你們看不到、感應不到，所以你不用擔心祂們在你旁邊，只有我會知道、有感覺而已。

有什麼地方我刻意繞過去不要走的，你們就跟著。

我們前往不肯去觀音院旁的海邊，面向海，靜心下來，坐在海邊。祈福開始，大家一起唸六字真言，菩薩叫大家要用力唸！

之前在圓通禪院和法雨寺，我和十五個同學是負責唸祈福卡的，所以我們都是在唸祈福卡而已。我們當然知道唸六字真言的護持同學很辛苦，因為要一直不斷的唸。

但到了不肯去觀音院，我們跟大家一起唸六字真言時，我們十六人事後分享自己的心情：「原來在唸的時候，要這麼用力！原來站在我們外圍的這些護持同學，竟然是要如此用力的幫我們一直護持，而且要唸那麼久，天哪！我們自己坐在海邊都還沒唸那麼久。」

我們唸六字真言時，感覺五臟六腑都是在震盪的！

但我們唸祈福卡時沒有這樣的感覺，我們只是很專注的唸祈福卡，但沒有那樣的震撼。

但最後一場祈福，我們坐在海邊跟大家一起唸六字真言時，我們真的震撼到不行，肚子一直動，全身一直用力。

我用力到覺得自己已經快要沒氣了，菩薩竟還要我們更大聲一點！

因為我快要沒有力氣了，但是又必須要撐下去，我還因此掐自己的腿說：「黃子容你一定要撐下去！用力啊！」

我們十六人想到大家在外圍護持我們，原來是這麼用力的唸六字真言在保護著我們，我們真的非常感動！謝謝大家！相較之下，我們覺得唸祈福卡太輕鬆了！真的非常感謝大家！

這讓我們學習到一課，叫做感同身受。

有些事情是，當你沒有經歷過那件事情時，真的難以體會當下那個人在做的事情及感受。

有時候，你要去想一想別人為你做的，不是表面上看起來這麼簡單而已！當你自己身入其中的時候，你會發現，這一切都非常不容易！

我真的覺得大家都很棒，七月份大熱天的，在幫別人祈福，要花這麼多錢，還要請假，還要受苦，你們的願心願力真的很讓人感動。

每一個人真的都是為了別人，都沒有抱怨，我真的很以大家為榮！

【不肯去觀音院海邊：菩薩示現海上】

不肯去觀音院那裡，面對那一片海，我們要跟菩薩說再見。此處也是菩薩應允我們可以再次用肉眼看見菩薩的另一個機會，菩薩會出現在海上。

人的心不靜，就算菩薩在面前，也看不到。

所以，要先把心靜下來。

沒看到的人，不要急，愈急愈看不到。

先讓自己靜下來，閉上眼睛，也許，就在張開眼的那一兩秒鐘，就看見了。

菩薩不會一直顯現在那裡讓一般人的肉眼直接看見，祂會顯現一兩秒讓人的肉眼看見。

只要靜下心來，再張開眼睛，就可以看見。

人們總執著於應該要看到完整、清楚的相，但菩薩示現給我們看時，我們不會看到雕像、圖畫般完整、清楚的相。光圈、光點、模糊的輪廓，或睜開眼時瞬間閃過兩秒的畫面，或閉上眼睛時看到的畫面，都是菩薩。

我們靜下心來，閉上眼睛，雙手合十，一起恭請菩薩。

菩薩出現了。

我教大家，先靜心閉上眼睛，感受菩薩，認為自己的時間對了，再打開眼睛，就會看見菩薩了。

菩薩裙海飄揚，手持淨瓶楊柳枝，正對著眾生灑下甘露，甘露水象徵著智慧重生。我們可以雙手接甘露水，甘露水接了之後，往自己的頭頂放。

最後，我們一起大聲唱誦南無觀世音菩薩聖號，讓菩薩知道我們很愛祂。

【勿執著看到很具相的菩薩】

菩薩出現，有些人有看見，有些人沒看見。

不要強求：「為什麼他有看見，我沒看見？他有慧根，我沒慧根？」沒關係！

「我很想看到菩薩，為什麼大家都看得到？為什麼我看不到？」

也許，你已經看到了，就是那個光。它沒有完全具體的形狀，但它就是那個光。

但你一直執著著你要看到很完整的菩薩，你就會失望。

因為菩薩也許不會呈現完整的樣子給你看。這要看個人因緣了。

有些人可以很清楚看見，有些人就是可以感覺到。

這一切都是緣分。

但你可以感覺到那個形，知道那團光，知道那個白白的東西背後有光芒，那就是菩薩。

【普陀山菩薩給愛班某同學的一段話】

有的朋友因為很想看見具相的菩薩，因為心靜不下來，沒有看見，就很難過的哭了，一直站在原地不肯離開。

看不看得到菩薩有這麼重要嗎？

菩薩提醒每個人：你的初衷不是求智慧嗎？你一路上學習佛法不就在學空性、自性、般若智慧嗎？

生活是自己的，人生就在每個當下。

讓你們看到「相」，是給你們信心「菩薩一直都在」，而不是讓你們追求表面的「相」。

智慧來自你們心中，愛也是。

你們所做的，菩薩都知了，菩薩一直都在。

學習菩薩的精神，行菩薩道，才是回家的路。

菩薩是你們的一盞明燈，永遠照亮回家的路，請不要忘記，我們都是在一起的。

認真生活的當下，本來就一無所求，回歸生活的本質，本來就一心無怨無悔。

菩薩心中坐

【上課：拜拜，心誠就好】

拜拜的時候，有的人都很用力的彎腰拜。

其實我們拜拜，心誠就好了，以不傷脊椎為主，什麼姿勢不是重點，最重要的其實是心意，任何事情誠心、專注即可。

雙手合十，眼睛閉起來（或是你要看著也沒關係），只要你發出的力量在眉心，菩薩一定可以接受到你的訊息，這就是你的念力發射。

跟我們第四梯次去普陀山所提及的大悲念力金光是一樣的，都將力量聚集在眉心之間。

閉上眼睛，你可以非常清楚的知道你的兩個眼睛是緊閉的，你的眉心這裡有散發出一道光，你一定可以感覺到。

然後你會發現你睜開眼睛的時候，你的眼睛其實是疲累的，是有點睜不開的。

試試看！閉上眼睛，一、二、三，從眉心出去，睜開眼睛。

你會發現你的眼睛好像睜不開。

其實，我們就只需要這樣發出念力，來告訴菩薩這些訊息。

一個人的念力是可以訓練的，常常使用念力，便可以增強自我的念力。

【還　願】

很多人在此跟菩薩許願，還願一定要回來嗎？不一定。

如果有機會、有能力、真的很想再來，你可以回來。

如果情況不允許，你在台灣向任何一間廟的菩薩還願都可以。

還願時，只需帶著一顆心謝謝菩薩，並告訴菩薩你會多做善事來回報菩薩，不用帶一堆金紙供品。

【丟錢許願】

很多普陀山遊客喜歡丟錢許願求好運。水池、佛像、古蹟……到處都有人丟錢。

不要不尊重錢，也不要增加廟方人員的困擾。

廟方人員還得爬上爬下，甚至踩進水裡彎腰撿錢。

就算是許願池，請大家許願就好，錢請投到香油箱裡。

【打 坐】

打坐時，吐息要頻率正常，調息，吸～吐～一～，吸～吐～二～……吸～吐～十～，再回來從一算。

如果算到十一，就表示不夠專注。

舌頭頂上顎，肩膀放輕鬆。腳打直、自在坐、盤腿都沒關係，取得平衡就好。雙手不打手印也沒關係。

有任何靈動反應都視為正常。如果真沒感應，就當作放鬆、休息，睡著也沒關係，不要有壓力。

靈動，是身體的自然擺動，有人會打圓，或前後、左右搖晃。

靈動，會開啟你的靈性，跟菩薩更加的接近。

道教比較注重靈動，佛教不鼓勵靈動。

沒結界的地方，盡量不要亂靈動。

【靜坐的靈動】

在靜坐放鬆的過程當中，有些人有靈動的現象。

靈動是體內靈魂有時想做一些動作，因為祂想脫離肉體。但我們有理智會控制祂。

很穩重的靈魂，會靜靜的待在肉體裡。

有的人會打嗝，因為靈魂想驅趕體內穢氣。

有的人想哭，因為心中有很多苦，祂可能很委屈，但只有自己的靈魂知道，肉體可能不知道。靈魂想跟菩薩訴說，祂找到了傾訴者。

輕微晃動的人，表示把自己的靈魂控制得很好。

很多人穩穩的坐著，代表他把自己的靈魂掌控得很好。

有的人動得很嚴重，大部分是有很多苦想抒發卻無法抒發，靈魂需要被控制。

提醒大家，肉體要懂得控制靈魂，而不是被靈魂控制。靈動到最後，要學習怎樣控制自己的靈魂。

【靈魂深呼吸】

我們要做一個靜心的活動。我們要靜心一下下，你可以什麼都想，可以什麼都不想，沒有關係，就靜下心來。

你靜心下來之後，在過程中，也許睡著了，不用擔心，你就睡吧！真的不用擔心。

靜下心來，菩薩會在現場，你可以把這三天行程裡所學到的，跟菩薩做一個分享。你可能也在這三天當中，學習到很多，懺悔很多。

希望你從這裡離開時，回到台灣後，會是一個全心全然的開始。

這象徵著你在這邊充電充好了，你要回家，會好好認真的過生活，好好的練習這一次你所學習到的。

想一想，你這次可以跟好幾位同學一起到普陀山來，精進學習，這是一份難得的旅程，也是一份難能可貴的課程。

過程中，很辛苦，但很值得，是因為你們有心想要學習，所以，菩薩做了最精進的安排。

接下來，有一系列的功課，都會在你的人生當中一一出現，它也許會很難，也許可以讓你更精進，也許充滿著考驗。但都不要忘記，菩薩一直陪伴著你，守護著你。

菩薩可以呼風喚雨，菩薩可以改變現狀，在未來的日子裡，菩薩也會在你的生活當中呼風喚雨，改變未來的情境。

所以，只要你有心，只要你想，菩薩會一直都駐在你的心裡。

只要你想，你就可以呼喚菩薩、恭請菩薩。菩薩從來不覺得麻煩，菩薩永遠會陪伴在各位身邊。

不要忘記，你永遠是媽媽的孩子，我們都是菩薩的孩子，菩薩永遠歡迎自己的孩子回家來看看祂。

就算在遙遠的國度，你的心向著菩薩，菩薩知道你向著祂，那麼，就過好日子，努力讓自己幸福，來回饋這一位時時陪伴在你心裡、守護你的媽媽。

不要讓媽媽擔心，不要讓菩薩擔心。

因為你是菩薩的孩子，所以菩薩希望你愈來愈好。

用你感恩的心，感恩這一趟陪伴你一起來的朋友、家人。

這一段路很辛苦，但大家謹守本分，互相扶持，這是一份難得的學習，更是一份珍貴的緣分。

第二梯次的普陀山行，牽繫著的是你前世家人的情緣。現在會跟你們一同到普陀山來的，都是你前世的家人，請你們好好珍惜。

現在，菩薩帶領各位進入前世家人的狀態，請你們靜下心來，握住身邊家人的手，你要圍小圈圈也沒有關係，要抱在一起也沒有關係。珍惜這樣的緣分。

原來，緊握的手是我前世的家人。

今生，我竟然可以跟他們一起再到普陀山來看著菩薩，代表著我們有堅定不移的情緣，我們有很深很深的緣分，我們會一起在未來的日子裡面，共同珍惜，共同成就。

這一份緣分，是一個開啟。

我們回到台灣之後，我們會更加親密，更加珍惜彼此之間的緣分。

靜下心來，菩薩帶領各位看一看這幾天跟你們一同生活的朋友，原來就是你的家人。

現在，請找一個你最舒服的方式坐著，你也許要靠牆或是坐著休息，都沒關係，就找一個你最舒服的方式。

閉上眼睛，跟著這個音樂的流動，進入到時光隧道裡，專心聽著這段音樂。

現在，我們要抽離你的憂鬱。

聽著這段音樂，如果你有想哭的情緒，就讓它宣洩一下，不要害怕，現在，我們要帶你進入時光隧道裡，它可能穿越你的前世，也可能回到你的童年，讓你回去彌補童年裡的一個缺憾，讓你回到那個時間點，去做一些補償，去做一些回饋，讓你可以回到那個時間點，重新看待那個時候的你。人生如果可以重來，你會做出不同的選擇嗎？

你曾經失去了一個人，失去了一件物品，現在，他又再回來了。請你跟著時光隧道走，去找尋他，去發掘他，去看看他。

過去發生的事情，到底怎麼了？

記得，每一個人的痛，都有自己的過程。

別人有別人的，你有自己的。

你自己的，都會是最痛的。所以無論如何，你都必須幫助你自己，讓痛過去，讓你從苦痛中重生。

接下來，要給大家有關舒緩方面的學習。

一樣的，你靜下心來。

有人會想要靈動，是因為你的靈魂在你的肉體裡面已經關了很久了，祂有時候會想要有一些抒發的行為。

可能有人想要晃，可能有人想要轉圈圈，可能有人想要比劃，或是有人想要跳躍，都沒關係。

或是有人想要睡覺，沒關係，你就讓你自己靜下心來。

因為我剛剛已經把結界做好了，大家如果靈動，不會有危險。菩薩也在，所以是放鬆的，是開心的。

你想要做什麼動作，是發自內心的，無所謂，你就做，是安全的。但不要去干擾別人，如果你會影響到別人，我會制止你。不管你有沒有任何感應，都沒有關係，就順其自然。

沒有靈動的人就當作是在打坐，靜坐一下。

靈動，是來自於自己身體裡面的靈魂有時候會想要做不同的動作，因為祂想要脫離這個肉體。

但是，因為我們有肉體存在，我們有理智會控制祂不可以做什麼動作，不可以怎麼樣，我們會規範祂。

有些人是很穩重的靈魂，祂就會覺得我的靈魂本來就待在我的肉體裡面，所以，你就必須要靜靜的。你們會發現，不太動的人，你已經可以掌控祂了，因為你是靜靜的坐著。

會比劃手腳的人，大部分都來自於你的靈魂比較需要被控制，你還有很多苦，你還有很多想要抒發卻沒辦法抒發的部分。

有的人會想要打嗝，那是因為身體裡面有穢氣，靈魂一直想要把它驅趕出去，可是祂沒有方法。祂會透由靈動時的一些打嗝動作來驅趕，比較嚴重的甚至於會有噁心想吐的狀況。

什麼東西都沒有，譬如祂只是輕微的晃動，這都是還在可以控制的範圍，表示你把自己的靈魂控制得很好。

所以，靈動動得很厲害的人，代表著什麼？

有時候，會常常聽到道教的人說：「靈動很好，你就盡量去動。」靈動習慣了之後，你就不太能夠控制你自己了，因為你就被靈魂控制了。

動可以，但動到最後，要懂得控制自己的靈魂。除非你是乩身，會起乩的人。起乩的人其實是能夠操控自己的，他能夠知道什麼時候是被附身，什麼時候是沒有被附身的。

所以你們要學習的是，我怎麼樣可以控制我自己的靈魂。

例如我在那邊坐著，我就是坐著。

靈魂想要靈動，沒關係，但祢還局限在我的身體裡面，我還是可以控制祢要不要動。

我們看到有很多同學都是穩穩的坐著，這代表著你把自己的靈魂掌控得很好。

有些人會有哭泣的行為，在我們靈動之前，祂會出現一些難過的情緒，那不代表什麼，是因為祂心中累積了很多的苦，祂需要抒發。菩薩在的時候，靈魂可以跟菩薩訴苦。

人世間的事物講給人聽，人聽不懂；講給鬼聽，鬼也聽不懂；講給神聽，神比較能夠了解。

所以，祂跟神明搭上線的時候，祂就會很想要訴說。

就像你們平常在台北恭請菩薩的時候，你們不知道為什麼，我明明沒有很想哭，我也沒有什麼難過的事情，可是不知道為什麼，我的眼淚就一直流下來、止不住，但沒有事件。

那個不代表你自己在哭，那個是代表你的靈魂找到了一個傾訴者，那就是菩薩。

你的靈魂一直不斷的跟菩薩說話，祂可能很委屈，祂或許很痛苦，但你不知道到底為了什麼。

這一切是為了什麼，只有你自己的靈魂知道，自己的肉體可能是不清楚的。在這之前，菩薩讓我們看了前世今生。我相信，有很多人是看不到任何畫面的。握著你們身邊朋友的手，只是為了讓你們知道，前世，有很多事情是不可復尋的，你也找不到、找不回那個畫面，憑你自己的能力可能很難，可能有限。

但你現在，手中明明就握住另外一個人的手，為什麼不趁現在珍惜跟這個人的緣分，而要去追尋跟他的前世今生？

這麼明白、這麼清楚的緣分，一定是我們在某一世、某一個情況下相遇了，所以，我們今天才會坐在這裡。

我們都可能曾經是一家人。

這都是難得的緣分。

【普陀山因緣】

我們為什麼連續三次來普陀山？你們有想過這個因緣是什麼嗎？

我們每一個人在前世都曾經在普陀山相遇過、擦肩而過，有的人是家人成群的來，有的人是朋友，有的人只是訪客，可能你在櫃臺前，或是跟師父請益的時候，旁邊這個人也正在問事情。

我們都曾經這樣擦肩而過，也許，我當時跪拜的時候，你正好在我旁邊，但你從來沒注意過我，你也不記得我。

甚至於我們在前世可能都是朋友、家人，所以我們才會一起再來普陀山。

所以，我們跟普陀山結了緣都有很奇妙的因緣，在靈魂上有一些共同的震盪。

菩薩選擇普陀山這個地方，是因為它真的非常清淨，它是一塊淨土。

普陀山是一個非常清淨的道場，那裡擁有很多慈悲集合的眾生，有很多發心發願的事情要做。

從發源開始到現在，普陀山的變化其實也不大。

以前，普陀山就是一個很純樸的地方，大家就只懂得唸佛拜佛，也沒有顧及這麼多觀光客的需求，到普陀山絕對是吃素，當然，還是有某些店家為了配合觀光客或是葷食客人，會有一些海產販售或烹調。

我們第二次來的時候，走在普濟寺外，看見有人在買賣放生的動物，當時我還在唸：「他們現在的放生就是『買來放』！該寫一篇文章告訴他們，不要再放生了！搞不清楚狀況！聖嚴法師、證嚴法師、很多法師都已經告訴大家不要放生了，怎麼還在放生！」我那時候，其實還講蠻大聲的！

這次我看到不一樣了，有個牌子寫「禁止放生」，所以，普陀山一直在進步，它在政令上面的宣導，其實是非常有效率的。

【虔誠的心】

菩薩一直都希望大家帶著虔敬的心靈來朝聖，是沒有任何形式的。

很多人會藉由香燭，達到自己有拜拜這個動作，所以他安心了。甚至於雖然他沒有很有錢，但他願意捐獻一點，以代表他的誠心誠意。譬如說他僅有一百元，他捐了十元，他也捐了很多，因為他把自己所擁有的盡可能的給了菩薩，這就是供養。

普陀山因為愈來愈需要財物上的付出跟建設，所以你會發現，普陀山愈來愈不一樣了。

但菩薩說，本質是沒有變的，目的也是沒有變的。菩薩還是希望大家來朝聖的時候，來看菩薩的時候，是在什麼東西都沒有的情況下而來的。

你不用穿著華服，也不用帶什麼供品。你可以發現，我們從第一次到第三次來，我們沒有點一支香，我們完全沒帶供品，我們都不需要，因為我們恭敬在心裡面，我們的十支手指就是非常崇高的三柱清香。

當你需要幫助的時候，你就告訴自己：「我相信菩薩！我相信菩薩會幫我的。」

然後，請你朝著自己的方向，將該做的本分做好，菩薩都在看，而且菩薩會用智慧來分辨。

因為要不要改過，要不要改變自己，要不要重新整理一下你的人生，是從你自己下決心開始的。

【有求必應】

普陀山這個地方，可說是有求必應。

訪客為什麼絡繹不絕？為什麼香客眾多？

因為大家來許了願，回去願望就成真了，大家就會來還願，這是每一個人幾乎都會做的事情。

不管你是回到你的工作崗位或回到你的故鄉，你都會有很深的感應，會有很多很不同的感受，你會發現你變了。

你變了之後，你身邊所處的事情也都開始改變了，變得不太一樣了，你會覺得普陀山對你幫助很大。

但其實最應該要感謝的，是你自己來了這一趟，然後，你願意從回去開始，做一個新生的自己。

有很多人從普陀山回去後，未必會改變。

但如果你想改變自己，你會發現，從普陀山回去之後，你整個人生真的變光明了，變得很不一樣了。

菩薩希望大家不管身在何處，處處都是普陀山，而不是一直花錢盲目的追求：「我來普陀山了！我有精進，我跟別人不一樣！」

你不一定要到普陀山來才能還願，把錢省下來，多做一些對自己、對社會有幫助的事情。

【奉行著觀世音菩薩的精神】

普陀山之行後，我們都要一直奉行著觀世音菩薩的精神，只要看到有人需要幫忙，請你不厭其煩的上前問一下，幫助他們，因為你都可能是別人的菩薩。

不要忘記，我們一直信奉觀世音菩薩，我們就必須行菩薩道。

菩薩道很辛苦，因為永遠只有利他，沒有自私。

做得愈多，也許愈辛苦，會埋怨，會抱怨。但你不要忘記，這一切做的都是值得的，因為至少你心裡是滿滿的福氣與慈悲，衍生出來的是可以利他人、幫助他人的，這些都是好的。

學習功課

【看見了什麼？聽見了什麼？靜心幾分鐘，把所見所聞記錄下來。】

請花一點點時間把它寫一寫。寫什麼都沒關係！

把你所看到的都寫下來。

我們要做的既然是看、聽，你就會看見什麼、聽見什麼。

也許，你有憤怒的情緒；也許，你有感動；也許，你很有感覺，把那感覺都留在你心中。

從我們坐船到了洛迦山，去了五百羅漢塔、圓通禪院、大悲殿，又面對海邊站了一下下，之後又去了法雨禪寺。這些感動，自己跟自己做一個分享。這是大家必須要做的功課。

【你的心因何而起？因何而滅？】

思考一下，你今天的所有事情，包含你的心念，包含你做的事情、行為，都是因為發生了什麼，而引起你有這樣的行為跟行動？

也許是欲望，也許是念頭，想一想，有什麼東西可以影響你？

包含你在菩薩面前所許的願，跟菩薩所講的事情，都是因為什麼？

也許你很在意，所以你才會說。

也許你很希望，所以你才會祈求。

所有的原因都是因為什麼？

這也許不是很文言文的答案。它也許就是「因為我很希望他好，所以我才會這樣」、「我很擔心他的身體，所以我才會這麼說」、「我很希望我的未來很好，所以我才會這樣祈求。」也許只是一個簡單的答案。

這個答案只有你自己知道，菩薩只是希望你可以更了解你自己。

【誰是促成你這次普陀山之行的人？由衷的感謝他！】

也許是你的朋友邀約你一起來，是朋友讓你跟著一起來的，所以你感謝他。

感謝促成這次普陀山之行的人。

【心無罣礙，何無罣礙？汝一生罣礙什麼？放不下什麼？】

我們都說心要沒有罣礙，可是，我們要怎麼樣做才能讓自己沒有罣礙？

人都有自己的罣礙、放不下的東西。你的一生放不下的是什麼？

例如是自己的尊嚴放不下，放不過你自己，不願意放過你自己？

還是很在意別人的眼光？所以，這些事情讓你罣礙了？你做什麼事情都要看別人一眼？

在面對自己的事時，你放不下的是什麼？

例如說感情，你有情執，你在感情上很執著？

或者是你覺得對人很執著。別人跟他是好朋友，你希望跟他也是好朋友，你希望得到某人多一點的關愛？

你的執著到底是對人、對事還是對物？具體的細數，花時間寫下來，做一個記錄。這是為了幫助自己更了解自己，幫助你找出自己的弱點，了解自己的弱點在哪裡。

當你知道自己內心想要什麼的時候，你就可以洞悉自己、了解自己了，做事情時就比較能夠無怨無悔。

因為你知道自己在想什麼、在意什麼、害怕什麼。所以，在做任何事情的時候，你就比較能夠掌控方向。

菩薩給了一句話：善勇敢，愛無敵。

善會讓人勇敢，因為你知道做這件事情是為了讓別人好，所以善會驅使你勇敢下去、堅持下去，所以是「善勇敢」。

另外，我們之前都講「愛無懼」，現在進階了，是「愛無敵」。經過這些時日，我們都可以感受到，愛是無敵的，愛是一切的解藥。

【尋找更好的自己】

菩薩說：「尋找更好的自己！你還記得過去的自己嗎？你喜歡什麼時期的自己？這是一堂檢視自己、找回自己的一堂課。分享你是一個怎麼樣的人？你喜歡自己嗎？喜歡哪一方面？不喜歡哪一方面？找回或找出過去的你。

了解現在的你，想要改變的你要改變什麼？

尋找未來的自己，因為我們都想變成更好的自己。」

這個功課一樣要跟組員分享，在你的同伴前面愈誠實、愈真實，對你是愈有幫助的。

愈能夠敞開心胸談關於你自己，對你來講，幫助會是更大的。

我們在法雨寺有提到：這次，我們是為了大家祈福而來的。第三天的普佛是為了自己跟自己的家人而來的，但我們這幾天上課的內容，其實都是為了自己，為了先了解自己、安撫自己，為了先更貼切的去接近自己，找尋到自己，我們才能夠理解別人的苦，才能夠離開自己的痛苦，才能夠幫助別人，做到祈福這件事情。

所以，在這幾天課程當中，我們一直不斷的從解剖自己開始，在你不夠信任的人或你的好朋友前面，甚至是昨天才第一次見到面的同伴前面，去揭露你自己過去的傷痛、恐懼、欲望……等等。

昨天，你揭露了、面對了真實的自己，你面對了自己過去曾經發生過的悲傷情緒，缺憾、痛苦；今天，你可以去洛迦山幫同學們祈福，站在法雨寺，跟著大家一起為別人祈福。

我們拋開了自己，只想到別人，只想到他人，這種就是菩薩在行菩薩道裡所談及的「利他」，沒有想到自己，忘記自己的痛苦，只想到他人，這種利他的心，就是菩薩在救世的態度。

「無緣大慈、同體大悲」，這個意思就是我把別人的痛苦當作自己的，我能夠感受到別人所感受到的傷心難過，我把痛苦當自己的。所以，眾生沒有你我分別，沒有比較心、沒有計較，只想怎麼樣幫助身邊的人離苦得樂，能夠拔除那個苦。

所以，我們要尋找更好的自己，而這個更好的自己會成為一個關鍵。

當你回到台灣的時候，那個更好的自己希望是可以跟隨著你的，你不要把你在這邊想像更好的自己遺忘在普陀山，你必需要把更好的自己帶回台灣。

而這個更好的自己，是能夠更讓別人感受到你的愛、慈悲與寬容，更讓你身邊的人能夠感受到他多麼地想愛你、多麼地想跟你在一起、多麼地想要親近你，因為你帶著更好的自己回去了，你值得別人為你付出，你值得別人在你身邊一直不斷的陪伴你，哪怕是未來經歷悲傷難過、喜怒哀樂，這些朋友都會喜歡跟現在更好的你在一起。

所以，我們要檢視自己，尋找更好的自己。

你還記得過去的自己嗎？

想一想過去的你，從小時候、年輕的時候、出了社會之後，你是一個什麼樣的人？你是一個什麼樣的自己？

你在面對這些困難重重的人生過程當中，有沒有曾失去過自己或走錯路？或是曾經被魔鬼利用了，或曾經利益薰心，忘記了什麼是生命的本質、生性的本善，有沒有過這樣的過程？

你還記得過去的自己嗎？你喜歡什麼時期的自己？那個時期的自己為什麼讓你喜歡？

這是一堂檢視自己、找回自己的一堂課。

跟你的同伴分享你是一個怎樣的人，你喜歡自己嗎？這個自己是指過去的自己和現在的自己，你比較喜歡哪一個？是喜歡哪個方面？不喜歡哪個方面？

所以，你要找出、找回過去的你。

也許，你很喜歡以前的那個你，但是，他也許經歷了很多的挫折，他有了防衛心、防衛機制，漸漸的失去了他，你不知道他去了哪裡。你不再有那樣的笑容，你不再有那樣的想法，那是什麼原因讓你變成現在這個樣子？

找出過去的你，找回過去的你。

更加地了解現在的你！你覺得現在的你希望變成什麼樣的自己？然後，想要改變自己什麼？

必須要具體的提出來。例如說你希望改變自己，要積極，要正向，要能夠寬容、理解別人做的每一件事。

想要改變自己，改變什麼，必須具體寫出來或講出來。

尋找未來的自己。我們集結了過去跟現在的種種，我們了解了過去的自己跟現在的自己，我們喜歡或不喜歡曾經的自己，我現在要怎樣尋找未來的自己？

我們要找尋未來的自己，是因為我們都想要變成那個更好的自己。

所以這堂課，其實是你必須要去喜歡自己、欣賞自己，不吝嗇在別人面前分享你的好，不吝嗇在別人面前分享你曾經的不好，甚至於不吝嗇的、很大方的可以告訴你的夥伴或朋友說：「我以前是怎麼樣的……但我現在也許變得更好了，或是我現在也許變得更糟糕了。我怎麼了……。」

請面對你的這些菩薩們，他們眼中的你是什麼樣的你？請你在揭露自己、說完自己之後，也跟一起做分享的菩薩談一談他們眼中的你。也許你們只認識一兩天，也許你們認識了十幾年，也談一談他們眼中的你。當然，他們看見的你，可以給你更好的意見，可以給你一些建言，可以保留你的好，但也可以告訴你：「我覺得你可以更好。」

可以給對方一點回饋，也就是在你們這些菩薩眼中的那個同學是一個什麼樣的自己。請你們幫助他來了解你們眼中的他，幫助他更了解自己。

有些人是沒有自信的，他永遠看不見自己的優點，他永遠覺得自己很糟糕，他永遠覺得自己不夠好，所以，請你們這些菩薩來幫助你們的同伴，告訴他的好與不好，大家都必須要心平氣和的接受。

聽到好的，開心，繼續保留；聽到不好的，要改進，要感恩，感恩讓我們認識彼此的這個機會，感恩這個機會讓我們的感情可以更好，感恩有人願意聆聽你的過去、現在，談論你的未來。

【回歸自己，找回自己】

這十個月來，我們共來了三次普陀山，每次的記憶都不一樣，每次的回憶也都不同，學習到的功課也不相同。

但菩薩這次要把普陀山這一個旅程做一個總結，所以你會發現，這次回歸到自己的課題很多，因為希望你能找回自己。

這兩天，我們都在上自己的課，對我們的幫助很大。

有的人迷失自己很久了，一直不斷的背負著很多的責任，去做超過自己能力可以負擔的狀態，過於嚴肅去過自己的生活。

檢視自己，我們其實有很小孩、很脆弱的一面，可是，我們被訓練成不可以，也不能。

我們被訓練得為了某些事情要堅強、不能撒嬌，就算現在有機會可以給你撒嬌，你也不願意，因為你已經習慣了，不知道要怎麼樣跟人家撒嬌。但是，你的本質可能不是那樣，可能要有它應該要有的樣子。

在漸漸失去自己之後，你要把失去的自己找回來，這其實要花一點時間，以及一些歇斯底里的揭露，而且是你跟你自己。

雖然我們的課程於很多部分是跟別人分享的，但你可能有所保留，最終，真正知道答案的是你自己。

細心回想那些細節，在每一個生活時刻當中，一定有很多觸動你的地方。你想要把它找回來，需要花一點時間，需要一點勇氣，因為有時候，人不見得可以這麼自在、這麼真實的去面對你自己。

所以，花時間來尋找你到底怎麼了？發生什麼事情？為什麼會變成這個樣子？一直試探的找！當然，可能也會看見自己的缺點。

回歸到自己，找回你自己。

【功課：發心利他並改變自己】

晚上，研讀普門品至少一遍。

發心發願做三件利他的事情，要具體的：發心發願，是沒人逼你的，也不是最後又利到你自己的，而是對他人好的事。

寫出改變自己的三點：回去台灣，你一定會努力、盡可能去執行的三個點。

你此行的收穫，要做分享。

【回台功課：看一看自己的成長和變化】

回想這四天當中的每一個行程。看一看自己寫的筆記，看一看自己學習到的，看一看自己的成長和變化。

菩薩說，功課的部分，寫一篇讓你自己知道、清楚的功課，當作一個回應，當作給自己的叮嚀。

回到台灣，就是脫胎換骨、改變的開始。

不要再那麼執著、固執。溫柔一點，細心一點，有耐心一點，為人好一點。

【回台功課：修正自己的行為跟態度】

我們搭纜車去佛頂山時，大家安靜、整齊的在那兒排隊。要求不語、不能看手機，大家一起遵守，那是讓人很感動的事情。沒有一個團體這麼的守分際，沒有一個團體這麼的守規則。

原來，大家這麼超乎我想像的認真，我真的覺得很感動。因為很感動，就跟菩薩講了這件事情。菩薩就說：「你教得很好！」

我教得很好，並不代表我很優秀。我教得很好，是因為我講了、傳達了一個意思，大家有去遵守它，是大家很棒！而大家願意遵守它，這不是一件簡單的事。

大家要去想一想：為什麼你可以那麼容易聽從別人的指令，卻不容易聽從家人的？為什麼你願意聽老師的話，卻不願意聽枕邊人的？這都不應該。

你應該去聽聽看最愛你的人、在你身邊的人，他對你所說的話。

我們可以這麼幸福的來到普陀山，家裡的事都不要管，我們的家人是我們最大的支柱，讓我們來普陀山，什麼事情都可以不要管。

我們怎麼可以沒有精進、沒有任何學習，回去又故態復萌，然後讓家人說出一句話：「去普陀山又沒變好！還不是一樣！」

你告訴別人：「我在普陀山哭得很傷心，我看到菩薩了，我做了很多筆記……。」結果，你的家人反應最直接，騙不了人。

在普陀山看菩薩，大家都說：「菩薩，我很真心懺悔。」回到家後就又開始罵人了：「很奇怪耶！我出去幾天，你東西都沒弄好，冰箱也亂七八糟，什麼也亂七八糟，小孩子也……。」還不是一樣！

回去後應該要有一點改變，就算他酸你：「哎呦！去普陀山看到菩薩，人就不一樣了」，你要跟他說：「是的，如果沒你，我怎麼有辦法去。」

所以，要去感恩你身邊的人，因為他們贊成你，支持你，讓你來普陀山。就算有人很酸你：「好哇！你去啊！我看你去了有什麼改變！」改變給他看！讓他看看你不同的地方。回去變得溫柔一點。

每一個人都可能因為自己的人生改變了，會有很多事件不同，經歷不同，會讓自己的態度、學習、個性都變得不一樣。

有的人進入社會之後，可能會從心性單純的人變成愛斤斤計較的人。這些，從你們的生活當中就可以觀察出來。你開始變得市儈，變得很想要去討好別人，因為你害怕別人否定你，你的嘴巴變得很甜，很清楚別人需要什麼，你變得懂得察言觀色，沒錯！這是生存的條件。你可能在這個環境當中，一定要這麼做，不然你可能就輸了，或居於劣勢，這都是無可厚非的。

但不要把這一套拿回家對付你家裡面的人，或是最愛、最親近、最親密的人，甚至於是你的爸爸媽媽，他們講你，你就覺得很煩：「我不想再跟你解釋一次。」

為什麼別人問你話，你可以不斷的跟他解釋，而你的爸爸媽媽問你這件事，你卻不想讓他知道，懶得跟他解釋？

所以，第一件要做的事情是：修正你的態度。

從普陀山離開之後回到台灣，一定要讓自己要脫胎換骨，從改變、修正你自己的態度、行為開始。

接下來，你要記得：「我回去後，我對待我的家人、我的朋友，我都要變得不一樣。我要讓他們感受到我從普陀山回去之後，我變得不一樣了。做事有耐心、不嫌麻煩；交談時，願意傾聽；我的付出，是心甘情願的。」

一定要讓別人看見你的改變，你來普陀山才有意義。

否則，你就是來一趟虛偽之旅：在這四天當中，你做了四天很虛偽的人，做給菩薩看，做給老師看，做給你旁邊的朋友看，看你有多麼虔誠，有多麼認真的在做功課。

你願意在這邊靜心寫一個小時的功課，回去台灣，老闆叫你做幾件事情卻煩死了，或隨便應付了事。你怎麼了？你就是虛偽的，只是做給菩薩看。

不要讓你這四天的行程變成一個虛偽之旅。

你來這邊，假裝是好學生；回到家，變成放縱的孩子。你一定要清楚的知道，是誰讓你放縱了？

只有你的家人夠愛你，所以，他們讓你放縱。

去想想，是誰讓你什麼事都可以做，什麼事都可以罵？因為家人很愛你，家人很包容你，所以，才讓你可以為所欲為、耍脾氣，這就是愛。愛，最可以讓你直接感受到別人對你的付出。

但是，我們不應該擁有為所欲為的人生，我們要擁有的應該是「樂於付出，感同身受」的人生。

修正自己的行為，從回去開始，要變得不一樣。

【回台功課：好好愛你的家人、朋友，用他們喜歡的方式對待他們】

好好愛你的家人、朋友，好好的愛他們。

用他們喜歡的方式（不是你喜歡的），去對待他們。

好好的愛你的家人，每一個人需要被愛的方式不太一樣。

假設你的家人、你愛的那個人，他很喜歡你麻煩他，超愛幫你服務：「你下班時，我來接你好了；吃飯，都我買好了；你中午不知道吃什麼，那我幫你送來好了。」他真的很需要被需要，他很喜歡被你需要，那麼，你可以盡量麻煩他，他會很開心。

有人不習慣被愛：「我不習慣人家對我那麼好，很噁心、很肉麻耶！」那是因為你之前沒有被愛過，那是因為你沒有被滿滿的愛包圍過。沒關係！讓自己慢慢習慣。

因為你知道那是愛，所以，想辦法讓你自己習慣。以前，愛情方面，都是你在為對方付出，為對方轟轟烈烈的做得很多，他都不領情。

等到有一天，你真的付出到傷心難過，沒有人再愛你的時候，忽然間，有另一個人出現了，這個人這麼愛你，這麼包容你，你會覺得這世界上怎麼有這麼好的人，他就出現在你旁邊，認識他之後：「原來我可以被人愛」，什麼東西都有人幫你準備好，是不一樣的人生。

不要再去懷疑那是不是愛，那就是愛。

愛一個人，真的會全心全意、無怨無悔的付出，那就是愛。

不要去懷疑那個人愛你，他在當下愛你，就是真的愛，你就去感受。

有的人會說：「我現在都遇不到，也不知道他在哪裡？」

沒關係！慢慢等，總有一天他會出現。可能會等兩三年、四五年，都沒關係，他總會出現，上天總會安排好，有很多東西是值得等待的。

值得等待，是因為我們值得擁有更好的，所以我們在等待。

好好愛你的家人、朋友，用他們最喜歡的方式去對待他們。

假設你的另一半，每天都像將軍般，他既然那麼喜歡指揮，那麼不安定的靈魂，你就讓他要這樣就這樣。

也許，你是因為好意，你勇敢的告訴他，可是，他還是選擇做他自己要做的。

在這樣的情況下，你跟你的另外一半溝通，溝通無效怎麼辦？順從他！因為他這樣最自在。

如果他要這樣，那是他的天性，就讓他做他自己，不然，他會很痛苦。

我們每一個人都必須接受不完美的自己，以及不完美的另一半。

接受他，他才能在我們的懷抱中做他自己，做他想要做的事。

如果你知道他就是這樣，你就放下，習慣他這樣。你當初喜歡的他也是這樣。

如果他真的是認識你之後變得不太一樣，是因為他跟你熟了，所以，他可以做最自在的自己。

你就想：「他在我面前毫無保留，沒關係，很好。」

你是那個他唯一可以在人面前毫無保留的人，所以，你可以學習接受他。

你必須要學習接受他，就像他也接受你是一樣的。

「為什麼他就不用改變？」因為人生不要要求別人。

他為什麼接受你？因為他愛你。

想想看，他一個原本這麼不能接受的人，他接受了，為什麼？因為他非常愛你。但他就那個嘴巴壞，他沒辦法講出來，但你可以感受到他愛護你的心。

就是因為他很愛你，他才會去學習接受你。

他就像一個將軍，非常正義的去捍衛所有的事情。他為了公平正義，他會去捍衛；他為了自己的想法、為了自己的權益，他會去捍衛，是一樣的。

所有你在想的：「這個人為什麼要做這件事情？這個人為什麼要有這樣的改變？為什麼他只要求我，而不要求他自己……」，所有的根基，都是因為愛。

他怕你受到傷害，他怕你不夠了解自己，所以他要講。他可能根本不了解真正的你，但他的出發點就是因為愛，他擔心，他才會講。

其實，他所講的、所想的，不一定是正確的，但他為什麼會提醒？他為什麼會講？為什麼會囉唆？他為什麼會碎碎唸？就是因為愛。

你說：「都是我退讓，他沒有改變。」

他一定有，他的接受就是一個很大的改變。一個這麼陽剛的人要去接受這樣的事情，這對他來說，是一個很震撼的挑戰，可是他接受了，他也有在進步，你不能說他完全沒有進步。他有，只是你想要看到的進步不僅是那個樣子。

他有他的正義感，你有你的正義感，你們兩個都在行使你們的正義感。所謂的「正義之拳」，壓榨別人來認同你的正義：「我認為你這樣不對。」

就像你講的那句話：「為什麼是我先改變，他都不用改變？」你就是認為，這是不公不義的事情。

如果你真的愛對方，沒有所謂公平不公平。

你只能說：「他就這樣。」他就這樣的人，沒辦法，他已經很好了，就這樣去解釋每一個人不同的行為。

愛你們最親愛的人，用他最喜歡的方式去對待他。

對你們的爸爸媽媽，也是一樣的。回去的時候，跟爸爸媽媽聯絡一下，不要只在逢年過節、母親節、八八節才打電話。

可以做一件事情：打電話給你的爸爸媽媽，把你跟他的對話用擴音的方式錄下來，用錄音的方式，試著跟他們聊聊天。

你會發現，如果是你急著想要掛電話，是你有問題。因為你沒有耐心，不想跟他們聊下去。但也許他們因為很久沒看到你，而有很多話想要跟你講。

所以，可以錄音下來，然後再把它放出來聽。你可以聽聽看，你在說話時，是不是對待愈親近的人愈不耐煩。為什麼會這樣？

因為你覺得他了解你，你覺得他應該最愛你，所以，你就可以用這樣的方式對待他？但其實，這是最殘忍的，因為他們受傷絕對會最大。

例如，他們想要問些什麼事的時候，聽到的是：「好啦！好啦！不用說那麼多啦！快吃飯啦，再見！」他很受傷。他受傷了，還是不會跟你講。

怎麼會有這樣的人？這個人是誰？

是愛你的人，是愛你、怕你生氣的爸爸媽媽。他們可能會對你衝，會跟你對罵，為什麼？因為他想要的不是這樣的關係、這樣的說話方式，他才耍生氣。

不要再說：「我每次打電話給我的爸媽都會吵架，因為他們就是這樣。」請你想一想，他們就是這樣。因為他們年紀大了，總是會有小孩子的個性，愈活愈像小孩子，需要人家關心。孩子愈來愈大之後，他們就愈來愈沒有安全感了。所以，回去打電話給你的爸爸媽媽，問候一下他們。

【回台功課：原諒曾經犯錯的你】

從你的小學開始去回顧，你曾經做過什麼，而導致別人受傷難過？

中學那時候，你傷害過誰，講錯什麼話，挑撥離間過誰，陷害過誰？

高中時，你做了什麼事情，是不敢讓你爸爸媽媽知道的？你隱瞞了什麼？曾經做過什麼事情讓你自己無法面對你自己？

出了社會之後，你做了什麼，讓你覺得是一個很大的錯誤？

在你的人生當中，每一個不斷犯錯的階段，總有可以被原諒的原因，總有可以被接受的自己。

學習原諒那個犯錯的你，因為沒有人不犯錯。

你不完美，身邊的人也不完美，大家都不完美，所以，我們沒有辦法去要求別人變成完美的人。學習原諒過去那個一直不斷在犯錯的自己。

你可以試著把國小、國中、高中、大學、出了社會後到現在，你曾經所犯的過錯，做一個簡單的記錄，當作一個懺悔。

現在你知道錯了，便有機會讓你消除因果。因為你知道錯了。

請你把它記錄一下，然後做一個懺悔，祈求菩薩可以消除這些因果；那個被你傷害的人或是曾經受傷的人，也希望他們也能夠放下。

【回台功課：認知憤怒的自己】

為什麼會憤怒？你憤怒的點到底在哪裡？

什麼事情容易讓你產生憤怒的心？你的心怎麼了？

為什麼對於這件事情你就是過不去、看不下，你就是一定要發脾氣？究竟發生了什麼事情？那個點究竟是什麼？

是過去曾經造成的傷害，讓你在這件事情上耿耿於懷，無法放下，你害怕又發生同樣的事情，所以，你用憤怒來表達你的不滿，跟對方抗議？

認知自己憤怒的情緒，是為了要幫助你自己了解到自己的地雷在哪裡。

我們自己不喜歡的事情，在限制別人之後，會造成別人的痛苦。所以，如果你真的不喜歡，就自己離開現場。

你憤怒的點在哪裡？容易讓你生氣的點在哪裡？你知道了，了解了，就要告訴自己：「我知道我的地雷在哪裡。」

如果有人踩到你的地雷，你不一定要爆炸。

人家踩到你的地雷，你不一定要用爆炸的反應來告訴對方：「你踩到了。」你可以保護好你的地雷，你知道地雷一炸開會死傷慘重，所以，地雷不能隨意爆發。

有人踩到了，你不要讓它爆炸，你自己把地雷移開，換到別的地方，告訴自己：「他踩到了，我是會不開心，可是算了！在這個時間點，我不想不開心，我不想爆發，因為我已經知道我會爆發的點。」

也就是說，你已經先意識到你會生氣，那麼，你就不應該生氣。

假設你明明知道你看到抖腳的人你會生氣，你看到了，不要用這件事情來懲罰你自己，讓你自己生氣，因為是對方做了你不喜歡的行為，你為什麼要生氣來讓自己難受？

你不想看見，你就自行離開。

你看不慣，你就自行離開。

你不喜歡，你就自己離開。

不要去用爆炸、傷害性的行為或言論來讓別人覺得被羞辱；不要用爆炸性的反應來表現出你的不悅。

踩到你的地雷，其實，你只要告訴對方：「我不喜歡這樣！」

你告知對方這是地雷，他下次應該就不會踩了。

你期待他也尊重你，學會知道你的地雷在哪裡，這樣，彼此就不會互相侵犯、互相干擾。

同樣的，你知道別人的地雷，也不要故意去踩踏。

你知道別人最討厭這麼說，便不要故意在生氣吵架時說給別人聽，讓別人傷心難過，這是最大的傷害，明知故犯，惡意中傷，故意挑明著戳他的傷口，這都非常不應該。

所以，要知道自己的地雷在哪裡、憤怒在哪裡。

你要去了解一下，他們的憤怒點是什麼，你要學習尊重，不應該隨性的讓那個人的地雷爆炸。

我們要謹守不讓別人的地雷爆炸，也要注意不要任意去踩踏別人的地雷。

【回台功課：感恩過去、現在和未來】

感恩你過去經歷的所有事情，感恩你經歷的所有傷害，感恩你現在所擁有的一切，只想自己有的，不要再想自己有多苦了。

你不苦，你一點都不苦，你比別人幸福、幸運太多了。

你可以這麼接近菩薩，這麼樣受到菩薩的眷顧，這都是一種福氣。你已經太幸運了。

不要再講你好苦了，我們都比別人幸福太多了。

知福惜福，再造福。

感恩未來。感恩未來會出現在我們生命中的每一件事情、每一個人、每一個選項，它都足以讓我們在未來能夠更加的成長。我們的蛻變會讓我們的未來更加的甜美，更加的美好。

只要你堅信，你就會。

只要你堅信，你的未來是美好的，你就會擁有美好。

【離開普陀山：菩薩開示】

在中原，當人們還不知道觀世音菩薩時，菩薩有時會幻化成小孩子、老人、甚至小兔子……，讓人產生惻隱、憐憫之心。

其實，菩薩無所不在。今天，大家特地來普陀山看菩薩，菩薩讓我們親眼看見，讓大家堅定信心「菩薩真的存在」，日後，心要向善，施無畏，無畏施。

菩薩說：「人生有很多不能隨意的事情，人生有很多方便法門可行進。但人走行菩薩道，若且行菩薩道，應實菩薩本心，行走菩薩本道。」

感應到菩薩，就要行菩薩道。

不要忘記初衷，你是怎麼認識菩薩的。

來到這裡，你會看見很多人的外顯行為，但你無法改變。

不要要求別人改變成你認為應該的樣子。我們不希望自心受到局限，但卻總希望局限別人。

人四四方方，最後還是要圓融。

人應學水一般柔軟，因為怎麼生存很重要。要學會控制、規範自己的心。

想改變命運，就要從思想、念頭開始改變。

也許你很苦，但這一世來，是你的選擇，你也沒有退路。

不說苦，把本分和責任做好，課題才能完成。

你想走回菩薩道，菩薩都知道，最重要的是做到。

從心開始，問心：「真的可以跟菩薩回家嗎？怎麼做，才能跟菩薩回家？」

不要忘記你應許菩薩的事，不要忘記你必須做的努力。
有哪些人怎麼了，其實菩薩都知道。
很多事情，菩薩自有安排，懊惱也沒用，擔心也沒用。
遇到困難，你一定要先努力的幫助自己，阻礙自會一一化解。不能光靠菩薩，
不要再去想不好的事。勇敢過自己的日子最重要。
面對家人的生老病死，要懂得陪伴。
知道自己無法完成某些事情，但已經是盡心盡力了，就沒有遺憾。
很多連結都是應緣而生，因緣而滅。
緣來珍惜，緣去時，揮手再見、祝福。
放不下的情緣，要看透、看清，有一天，總會變成善緣。
有些事情，我們做不到、得不到，讓別人得到，別人可能會更珍惜他，如此，
我們就要懂得放手。
你一定會遇到更好的，菩薩都有安排。

菩薩看你現在做的，正在幫你安排。所以，你的命運每一刻都在改變。

雙手為自己用力擊掌，菩薩會為你灌入好能量。擊掌愈大聲、愈有力，灌注的氣就愈強。

未來，遇到失志挫折、內心消沉時，就回想為自己擊掌加油的此刻，給自己鼓勵打氣，把能量找回來。

【離開普陀山】

我們要跟普陀山菩薩說再見了。下次見也不知道什麼時候，可能是非常多年以後了，也許是多年後，你帶著自己的親朋好友來。

我們一共走了三次的普陀山，先是一〇四年的十月份；然後，是隔了半年的一〇五年四月份；接下來，才隔了三個月（一〇五年七月份），馬上又來到普陀山。

未來，你們也可以自己來，你可以約你的親友一起來，想到就來普陀山。

回顧一下我們這三次不同的上課內容，要回去當然很捨不得，但不要忘記菩薩教導我們的，菩薩一直都在我們的心裡面。

當然，有的人在這幾年當中，可能會離開一年愛班。但你只要告訴自己，你今生來過普陀山了、看過菩薩了，你一輩子都會跟著菩薩。

就算我們人往生了，該怎麼樣找到菩薩，我們都很清楚。

當你害怕自己即將往生，或是你知道自己即將往生的時候，心意堅定，都不要害怕：「我是菩薩的弟子，我皈依菩薩，我相信菩薩，我這一輩子都會跟著菩薩，請佛菩薩來帶我走。我相信菩薩會帶我去我應該去的地方。」

只要心意非常的堅定，即使在往生時，也不會感到害怕，菩薩一定會盡祂所能的保佑大家平安。

【恭請菩薩】

林林總總很多事，如果你害怕，你就恭請菩薩。

記得，只要你需要菩薩，一心稱唸觀世音菩薩，菩薩真的都在。

菩薩說，其實菩薩需要你恭請。

為什麼需要你恭請？你不說，菩薩也知道你有麻煩。你不說，菩薩也知道你遇到困難。

但你不說，菩薩不會出手。

為什麼？人總是要主動的為自己做些什麼。

當你一個人躲在陰暗的房間裡面，外面有陽光，你需要去照陽光。但你硬要躲在陰暗的房子裡面，不願意出門的時候，菩薩沒有辦法把你揪出去，讓你晒到陽光。

所以只有你自己願意走出去，你才能夠看見陽光。

就如同你明明知道觀世音菩薩都在，你不對祂祈求，你不對祂發願，祂不會主動幫你的。所以你必須祈求，你必須恭請。

你想要晒到陽光，就必須是自己走出屋子去接受陽光的洗禮。

你想要接受菩薩對你的幫助，就必須自己去恭請。

你遇到困難，菩薩知不知道你遇到困難？知道！

但你就是不說，就是不恭請，那麼，你就是自己在那邊耗著，就看你撐到什麼時候。

等到有一天，你想恭請的時候，菩薩必然還是會幫你的。

我曾經問過菩薩：「一個人一直不斷的恭請祢，三不五時恭請菩薩，做什麼事情都要找菩薩。有人連便秘也要恭請菩薩可不可以通暢一點。菩薩會不會不耐煩？」

菩薩說，不會！祂很有耐心的聽眾生每一句，祂都認為那是他內心真實的需要。

菩薩認為，不會有一個人無緣無故恭請菩薩之後，講了一大堆不應該的話。

所以菩薩說，祂聽進去了每一個人的要求。

你可以一直恭請菩薩，講你的需求，菩薩都不會嫌麻煩的。

當然不是恭請後，所有事情都會有你要的結局、結果，因為菩薩也會根據祂的智慧來作判斷。

【離開普陀山：菩薩開示一】

我們要離開普陀山了，一定會有很多人難過：「我要離開菩薩了，我很難過，我很傷心，我想要再看看菩薩，不知道還有沒有機會？」

放心，以後一定會有機會的。

如果你有心，就一定還會再回來的。

不需要老師帶，也許，你自己就可以來了。

你可以想來就來。這都是一個願力。

有時候你會說：「我有賺到錢，我有比較好過的時候，我想要再來普陀山。」

你就會再來。

「我覺得我還會再來，但是不知道什麼時候？」那就是一個願力，讓你希望那天趕快來到：「我趕快努力，讓我的生活能夠愈來愈好，有一天我一定會再來的。」

看菩薩，不是只有在這裡，有很多地方都可以看菩薩，有很多地方都可以跟菩薩感應、連接，這都是一種「心」。

你有心，就一定會帶著你自己去到任何一個你想去的地方。

只要你有心，只要你想，就可以了。

我們要離開普陀山了，如果你有心、有願，想要再回來，這就是一個願力，有朝一日，你就一定會再來。

不要忘記，菩薩不是只有在普陀山，很多地方都可以跟菩薩感應、連接，只要有心，只要你想。

靜下心來，菩薩在現場，你可以把這幾天學到的跟菩薩分享。

我們學習很多，懺悔很多。

離開這裡回台灣後，便要重新出發，好好練習這次所學習到的，讓自己脫胎換骨。

當你努力改變自己，菩薩也會在你的生活中呼風喚雨，幫助你改變現狀和未來。

這是難得的旅程，要精進學習。

因為我們有心想學習，所以，菩薩做了精進的安排。

接下來，有更難的功課，會在人生當中出現，但菩薩會陪伴著你、守護著你。

只要有心，菩薩會一直駐在你心裡。

只要你想，你可以恭請菩薩。

菩薩會一直陪在你身邊，菩薩不覺得厤煩。

不要忘記，你永遠是菩薩媽媽的孩子，菩薩永遠歡迎孩子回家看祂。

你心向菩薩，那麼，就好好過日子，努力讓自己幸福，不要讓媽媽擔心，這便是回饋在你心裡、一直守護你的菩薩媽媽。

感恩這次陪伴你同行的朋友，大家互相扶持，彼此牽繫著前世的情緣。

前世，有很多事不可復尋，我們現在，手中明明就握著另一人的手，為什麼不珍惜現在的緣分，還要追尋前世今生？

好好的珍惜身邊的家人、朋友！

【離開普陀山：菩薩開示二】

我們要跟普陀山菩薩說再見了，有一點點感傷，可能會很感動、很歡喜的流下眼淚，或者是很捨不得的留下眼淚，也或者是很擔心再也不能來的那種難過，都有可能。

但不要忘記，不管是普陀山的、台北的、台南的、日本的，不管是哪裡的菩薩，菩薩都一直在我們心裡。

菩薩會因為人們不同的需求而轉換成不同的法相，但祂都是觀世音菩薩，祂一直都在心中陪伴著我們。

當我們需要目標、需要加油、需要什麼的時候，菩薩就會幻化出不同的樣子來因應你的需求。

我們來普陀山，在這邊有很多的感動，有很多的承諾：「我回去要當一個很好的人，當一個適合別人的另外一半、當一個很好的對象……。」

那麼要記得，當我們在失意、難過、又開始要抓狂罵人的時候，想想這裡的觀世音菩薩，每一尊觀世音菩薩都有教會我們很多需要學習的課題。

菩薩說：一個階段的結束，會邁向另外一個里程，我們要更加精進的學習。

我們要負責帶一年愛班的新同學，慢慢的、有耐心的教導他們。我們從國小一年愛班變成國中一年愛班，功課就更難了！要教導別人更多，要更有耐心的去教導、對待自己身邊的人，這很重要。

菩薩的話：「功課圓滿！精進再精進！」

【歸去：菩薩送行】

回到寧波機場，臨上飛機時，菩薩說祂在右機翼上方。

我們登機後趕快看，很多同學都拍到了菩薩。

登機後，我們跟菩薩說：「普陀山再見，謝謝菩薩照顧。」

不需要說「菩薩再見」，因為菩薩無所不在。

{好書推薦。}

智在心靈 058

與菩薩對話6
願心願行

暢銷作家　黃子容 著

一個人有願，就有了心，

有了心，就有了行，

只要有願心願行，

面對什麼困難都不怕了。

面對未來，你有菩薩陪著，

喜怒哀樂，都是安心的、平靜的，

因為你知道，菩薩與你同在。

{好書推薦。}

智在心靈 055

菩薩心語3

暢銷作家　黃子容 著

勇敢不是不害怕不恐懼，
而是心中雖然害怕恐懼，
仍會繼續勇敢向前。
你有多勇敢，就有多幸福。
帶著愛，堅強勇敢的向前行。
人生總有些困難，但只要你願意，
拿出勇氣與愛，必定能夠突破難關。
善的循環，有一天會回到你的身上來。
擁有滿滿的愛與能量，
一點也不害怕前方的困境，
相信這份堅定與勇敢，
可以帶給你更多的幸運。

{好書推薦。}

智在心靈 056

念轉運就轉21
一切都會過去的

暢銷作家　黃子容 著

人生中，
不管心痛、煎熬、開心或快樂，
人生中的酸甜苦辣都在那個當下，
所有的痛苦都會結束，
所有的難關都會過去，
堅定你的心念，
一切都會過去的。

{好書推薦。}

智在心靈 057

菩薩心語4
菩薩慈眼視眾生

暢銷作家　黃子容 著

有的時候，我們什麼都看不見，
但因為我相信，所以我們前進了，
往未來的路上前進了。

不是因為看見了幸福才堅持，
而是因為堅持了，
才看見了我想要的幸福與美好。

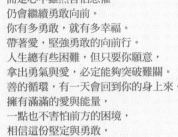

{好書推薦。}

智在心靈 052

安定心靈 禪中修行(上)

暢銷作家 黃子容 著

智在生活禪
禪中生活行
覺醒中求智
定心覺悟開

{好書推薦。}

智在心靈 053

安定心靈 禪中修行(下)

暢銷作家 黃子容 著

擁有有限的生命，擁有苦痛的人生，
擁有受傷的靈魂，擁有生病的肉體，
我們便要歡喜，
因為我們是如此的在經歷人生與生命的奇妙歷程。
生命中充滿著感恩以及慈悲，人生就圓滿了。

{好書推薦。}

智在心靈 054

念轉運就轉20
放手才能握緊幸福

暢銷作家 黃子容 著

放下，才是緊握幸福的開始。
擁有很多愛的人，會療癒你身上的痛。
你相信愛，愛情就會來到。
你相信幸福，便開始幸福了。

{好書推薦。}

智在心靈 049

起心動念

暢銷作家 黃子容 著

念轉運就轉
起心動念
一心一念力
一念一世界

{好書推薦。}

智在心靈 050

活著，就是要勇敢

暢銷作家 黃子容 著

人生，是為了體驗而來
受苦，是為了學習而來
接受了，就不苦了
瞭解了，就覺悟了

智在心靈 051

與菩薩對話5
菩提心

暢銷作家 黃子容 著

{好書推薦。}

佛法入人心，佛法現生活。
你的心中，菩提心生，
自然菩提花開，
轉動菩提，慈悲自生。
菩提花開，智慧生，
生活中的學習，
可以讓人放下，
可以讓人成長，
可以讓人變成更好的自己。

{好書推薦。}

智在心靈 046

愛無敵，善無懼

暢銷作家　黃子容 著

愛無敵，善無懼
有愛就是無敵
有善一切無懼

{好書推薦。}

智在心靈 047

生死別離，愛永遠在

暢銷作家　黃子容 著

愛別離，生死苦
都是人生中難以承受之重
好好練習說再見
面對生死別離
我們知道，愛永遠在

{好書推薦。}

智在心靈 048

快樂生活的日常

暢銷作家　黃子容 著

享受生活，尋找快樂
每一件小事物都可以讓你的心
找到可以快樂的理由

人生煩惱的事物很多
我們應該尋找屬於自我
快樂生活的日常

{好書推薦。}

智在心靈 043

心覺知，感受人生

暢銷作家 黃子容 著

心覺知 有覺心 心有知

感受人生 體驗人生

無有執著 才能豐富生命

找到圓滿今生課題的方法

{好書推薦。}

智在心靈 044

不在乎，是因爲放下了

暢銷作家 黃子容 著

因為困境與傷痛

你需要放下

學習讓這些傷痛過去

原諒過去不完美的自己

有一天，當你不在乎的時候

其實已經放下了

{好書推薦。}

智在心靈 045

別讓魔鬼住進你心裡

暢銷作家 黃子容 著

別讓魔鬼住進你心裡

負面情緒可以有

但不能有魔鬼想法與欲念

唯有愛與善

化解魔性人自在

{好書推薦。}

智在心靈 040

說再見，
轉身也要幸福

暢銷作家　黃子容 著

誰能知道，在你轉身之後，
我們能否再見面？
你還會記得我嗎？

請記得，轉身之後，
我們說過的，
大家都要幸福！

{好書推薦。}

智在心靈 041

菩薩心語 2

暢銷作家　黃子容 著

文字是有力量的
從菩薩心語當中，
我們感受到許多鼓勵與正向的力量，
這些力量透由文字給我們一些啟發，
讓我們用不同的角度去看這個世界，
更字不同的面向去剖析我們所看見的世界，
讓我們學習接受，擁有成長的力量。

{好書推薦。}

智在心靈 042

翻轉人生練習逆向思考

暢銷作家　黃子容 著

保持對人生與生命高度的熱情，
進而接受別人不同的想法。
這就是不斷在翻轉我們人生的角度，
看著人生各種不同的風景跟面向，
而有不同的領悟。
翻轉人生，堅持信念。
翻轉你的人生，
不管它翻轉到任何一個角度，
它都有它美麗的風景，
也都有我們看不見的美好。

{好書推薦。}

智在心靈 037

與菩薩對話4
觀自在

暢銷作家 黃子容 著

能觀心，觀自身，
只求簡單單純，追尋心靈的平靜，
觀心，心意千變萬化，順應之。
只求平常心看待生活中的一切，
何處不自在呢？
人身自在，心自在，
處處皆能觀自在。

{好書推薦。}

智在心靈 038

靜心十分鐘，
找回平靜的自己

暢銷作家 黃子容 著

靜心下來，幫助你找回真實的自己，
從靜心當中，看見自己的欲望，
看清人性的真相，
學習靜心之後，找回平靜的你。

{好書推薦。}

智在心靈 039

覺察生命的修行力

暢銷作家 黃子容 著

覺察生命，堅持修行真善
珍惜生命，活在當下修行
感恩生命，成就人間苦行
改變生命，面對人生課題

國家圖書館出版品預行編目資料

海天佛國普陀山：觀音心，人間修行 / 黃子容著.
-- 初版. -- 新北市：光采文化，2019. 08
面； 公分. -- (智在心靈； 59-60)
ISBN 978-986-96944-5-2(上冊：平裝). --
ISBN 978-986-96944-6-9(下冊：平裝)
1. 人生哲學 2. 修身
191.9 108013042

智在心靈 059
海天佛國普陀山～觀音心，人間修行（上）

作　　者	黃子容
主　　編	林姿蓉
封面設計	顏鵬峻
美術編輯	陳鶴心
校　　對	黃子容、林姿蓉
出 版 者	光采文化出版事業有限公司
	新北市永和區中正路454巷6-1號1樓
	電話：(02) 2926-2352
	傳真：(02) 2940-3257
	http://www.loveclass520.com.tw
法律顧問	鷹騰聯合法律事務所　林鈺雄律師
製版印刷	皇輝彩藝印刷事業有限公司

2019年08月初版

總經銷：大和書報圖書股份有限公司
地　址：新北市新莊區五工五路二號
電　話：(02) 8990-2588
傳　真：(02) 2290-1658

定價 320 元
ISBN 978-986-96944-5-2
Printed in Taiwan